»Der Mensch und die Musik, die Musik im Menschen, die Sehnsucht nach Harmonie – es ist dieses Thema, das mich umtreibt, und davon handelt dieses Buch.« Elke Heidenreich ist der Oper seit jungen Jahren eng verbunden. Sie förderte die Kölner Kinderoper, verfasst Opern-Libretti und schreibt immer wieder über ihre Leidenschaft: leicht, zugänglich, fern jeder trockenen Belehrung. »Die Literatur, die Opern erzählen fast ausschließlich von Liebe und Tod. Es geht auch um Natur, um Jugend und Alter, um politische Konflikte, um Reisen, um gewichtige Stoffe aus der Mythologie, – aber die großen, Jahrhunderte überdauernden Themen sind diese beiden: Liebe und Tod.« Elke Heidenreichs Texte zur Musik sind so eindringlich wie unterhaltend, eine sehr persönliche Liebeserklärung.

Elke Heidenreich lebt in Köln. Sie hat mehrere Kinderbücher geschrieben (unter anderem ›Nero Corleone‹), hat ihre Kolumnen in fünf Bänden gesammelt, ist Literaturkritikerin und hat zwei Bücher mit Geschichten veröffentlicht: ›Kolonien der Liebe‹ und ›Der Welt den Rücken‹. Gemeinsam mit Bernd Schroeder schrieb sie die Geschichten ›Rudernde Hunde‹ und den Roman ›Alte Liebe‹.

Unsere Adresse im Internet: www.fischerverlage.de

Elke Heidenreich

Passione

Liebeserklärung
an die Musik

Fischer Taschenbuch Verlag

Für Christian Schuller, dankbar.

Veröffentlicht im Fischer Taschenbuch Verlag,
einem Unternehmen der S. Fischer Verlag GmbH,
Frankfurt am Main, Juli 2011

Lizenzausgabe mit freundlicher Genehmigung
des Carl Hanser Verlages München
© 2009 Carl Hanser Verlag München
Druck und Bindung: GGP Media GmbH, Pößneck
Printed in Germany
ISBN 978-3-596-18748-5

Orpheus und seine Liebe
Vorwort

> *Und so fließt im unterirdisch Dunkeln*
> *Ewig fort der heilige Strom, es funkeln*
> *Aus der Tiefe manchmal seine Töne;*
> *Wer sie hört, spürt ein Geheimnis walten,*
> *Sieht es fliehen, wünscht es festzuhalten,*
> *Brennt vor Heimweh. Denn er ahnt das Schöne.*
> Hermann Hesse, »Orgelspiel«

Im Laufe der Jahre habe ich immer wieder über Musik geredet oder geschrieben. Immer wieder bat man mich, etwas zu schreiben: Texte für Programmhefte, Vorworte zu Büchern, Reportagen für Zeitschriften oder Vorträge bei feierlichen Anlässen, zum Beispiel bei den Salzburger Festspielen. Und plötzlich ist aus diesen Gedanken für mich ein Buch geworden, ein sehr persönliches Buch.

Denn plötzlich merke ich: Es gibt da ein paar Wendungen und Gedanken, die sich stets wiederholen – zum Beispiel der Mythos vom Sänger Orpheus, diese Ur-Geschichte der Musik, die Tote zum Leben erweckt, der Stoff für die erste Oper. Immer wieder komme ich bei verschiedenen Anlässen auf diese Geschichte zu sprechen, weil ich sie so wichtig finde. Ich hätte sie für dieses Buch leicht aus den meisten Texten wegstreichen können, aber ich habe das bewusst nicht getan, weil sie in immer neuen Zusammenhängen immer neu zeigt, warum sie so wichtig ist.

»Ich wollte wie Orpheus singen, dem es einst gelang, Steine selbst zum Weinen zu bringen durch seinen Gesang«, heißt es in einem der ersten Lieder von Reinhard Mey. Die Musik weckt Tote, wenn wir ihr trauen und uns nicht umdrehen; die Kunst bedeutet Leben, wenn wir nicht zweifeln.

Ich kann mir ein Leben ohne Musik nicht vorstellen. Nietzsche nennt Musik »das Von selber Ertönen der tiefsten Einsamkeit«. Selbst wenn wir in einem ganzen stillen Raum liegen, gibt es Geräusche. Unser Blut rauscht, wir hören unseren Atem, und wir wissen, auch wenn wir es nicht hören, daß es draußen im Weltall rauscht, tickt, knattert, summt und daß der ganze Kosmos voller Geraune und Gezischel ist. Und nicht nur bei Goethe »tönt« die Sonne »nach alter Weise / in Brudersphären Wettgesang«, sie tönt ja wirklich in all ihrer unfassbaren Energie. Der Astronom Johannes Kepler hat aus den elliptischen Planetenbahnen und ihren Geräuschen harmonikale Proportionen abgeleitet und geschrieben: »Gib dem Himmel Luft, und es wird wirklich und wahrhaftig Musik erklingen.«

Die ganze Welt: Geräusch, Klang. Auch das tiefste Meer sendet noch Geräusche. Und wenn aus Klang und Geräuschen Musik wird, dann ist es, als ob sich in uns Menschen irgendetwas erinnert an eine ferne Herkunft. Es ist etwas Mystisches, etwas Unbegreifliches. Etwas geschieht in uns. Und auch wenn durch die Jahrhunderte Wohlklang stets sehr unterschiedlich definiert wurde: das menschliche Ohr kann unglaublich viele Töne registrieren und unterscheiden und hört im Chaos noch die Harmonie, hört sie oder besser: sucht sie. In jedem Menschen ist ein bestimmter Rhythmus, und ich glaube, daß dieser

Rhythmus damit zu tun hat, ob wir jemanden lieben können oder nicht.

Der Mensch und die Musik, die Musik im Menschen, die Sehnsucht nach Harmonie – es ist dieses Thema, das mich umtreibt, und davon handelt dieses Buch.

Elke Heidenreich, im November 2008

Teil I

Über Opern und Festspiele

Liebeserklärung an die Oper

Die Geschichte der Oper beginnt mit dem Mythos. Orpheus, der Sänger, lockt seine tote Geliebte Eurydike aus der Unterwelt zurück. Doch durch seine Neugier verliert er sie ein zweites Mal und entsagt für immer der Liebe. Ein bitterer Preis für seine Kunst!

Die meisten Opern enden tragisch. Man liebt sich, verlässt sich, addio, addio!, man fleht pace! pace!, der Vorhang fällt, und Mimi, Tosca, Violetta sind tot, Alfredo ist untröstlich, Aida ist lebendig eingemauert, und im Rosenkavalier feiert man lauter letzte Male, versinkende Zeit, letzte Liebe, letzte Küsse. Wenn es heute irgendwo noch wirkliche Leidenschaft gibt, dann in der Oper. Und wir sitzen da und sind angerührt, bewegt, wieder einmal hat Orpheus uns hinaufgelockt aus der Unterwelt des Alltags.

Wie macht er das? Mit Tönen, nicht mit Geschichten. Die Geschichten gehören dazu, doch was uns wirklich erreicht, das ist die Musik, immer nur die Musik. Wir können uns nicht verschließen, können nicht weghören, nicht weggehen, und wir wollen auch gar nicht weghören, wollen nicht weggehen. Wir sind ja hier, um außerhalb der Welt zu sein. Es werden uns Geschichten erzählt, Geschichten von Liebe, Tod, Verhängnis, und sie werden mit Musik erzählt. Was ist Musik? Wer das wüsste! Töne,

Klangwelten; unser Blut rauscht, im Weltall und auf dem Meeresgrund gibt es Töne. Musik ist nicht Emotion, ruft aber Emotionen hervor, mehr als jede andere Kunst. Aber, fragen die Opernhasser, warum singen die da eigentlich? Vielleicht weil Sätze wie »Sie liebt mich« oder »Sie liebt mich nicht« so tausendfach abgenutzt sind, dass sie uns nur noch erreichen, wenn wir den alten König Philipp in Verdis *Don Carlos* sein »Ella giammai m'amò«, »Sie hat mich nie geliebt«, singen hören. Und in dieser Intensität machen sie uns dann auf einmal wieder Gänsehaut.

Alles ist falsch auf der Bühne: die Wände aus Pappe, der Champagner Apfelschorle, die Säulen Styropor, und die Sopranistin, die gerade hinsinkt, hat natürlich nicht die Schwindsucht. Na und? Was ist schon noch echt in unserem Leben? Hier will die Illusion Illusion sein und unsere Gefühle erreichen, und das tut sie, denn die Musik ist echt. Luigi Nonos *Intolleranza*, das ist genau die Welt, in der wir leben, auch wenn wir nicht singen. »Vissi d'arte!«, singt Tosca und entschuldigt sich für das Durcheinander, das sie angerichtet hat – sie habe doch immer nur für die Kunst gelebt! Ja, falsch gemacht, liebe Dame, in den Kellern der Welt wird gefoltert, und wir wissen auf unserm Parkettplatz, dass ein Preis zu zahlen ist für das Leben, das wir auf Kosten der anderen führen. Wir leben nicht für die Kunst, aber die Kunst hilft uns zu leben. So herum.

Die Oper ist nicht die moralische Anstalt, nach der uns verlangt. Die Moral muss in uns sein, sonst ist sie nirgends. Die Oper erzählt nur die Geschichten dazu, und die Musik macht, dass die Geschichten uns erreichen. Orpheus dreht sich um, und wir fallen zurück ins Dunkel. Aber wir ahnen: Da ist ein Weg ins Freie.

Viva l'opera italiana!

Die Oper ist Eure Musik, sie bewahrt Eure archaischen Kräfte.
Ohne die Oper würdet Ihr alle Amerikaner.
Zubin Mehta an die Adresse der Europäer

Ist noch ein anderes Land von den Dichtern so glühend besungen und beschrieben worden wie Italien? Es ist das klassische Land der Träume, der Sehnsucht: »Kennst du das Land, wo die Zitronen blühn?« Ja, wir kennen es wohl, lieber Geheimrat von Goethe, und wir alle möchten mit dem oder der Geliebten dahin ziehn. Die Verse, die Geschichten, die Lieder sprechen vom dunklen Laub, von glühenden Früchten, von der Schönheit der Landschaft, vom Wein, vom guten Essen, von Venedig, Rom, Florenz, Palermo – jeder denkt etwas anderes, wenn er daran denkt: Italien.

Ich denke: Oper.

Für mich, die ich die Oper liebe, gibt es trotz Mozart und Bizet, trotz Tschaikowski, Mussorgski und Beethoven, trotz Wagner, Strauss und Janáček keine mitreißenderen Klänge als die der italienischen Oper, und da wiederum trotz Donizetti, Rossini und Monteverdi, trotz Leoncavallo und Puccini keinen großartigeren Opernkomponisten als Giuseppe Verdi. Ich bin Verdi-süchtig. Und weil ich für diese Sucht nicht immerzu nach Italien fahren kann, höre ich zu Hause Verdis Opern auf CD und gehe in jeder Stadt, in der ich bin, so oft wie möglich in die Oper, und manchmal fahre ich auch extra für eine Verdi-Oper viele Kilometer; gerade war ich in Wien, um das selten aufgeführte *Jerusalem* zu hören.

Was hat die italienische Oper, was andere Opern nicht haben? Schwer zu sagen. Schmelz? Wärme? Leidenschaft? Von allem ein bisschen, aber das allein ist es nicht. In Italien, das wissen wir, entstand die Oper; aus dem antiken Trauerspiel wurde ungefähr zur Zeit der Renaissance das, was wir heute Oper nennen. Das war die Folge einer Erweiterung der Weltsicht. Die Grenzen brachen auf, Wissenschaft und Künste blühten, Vasco da Gama suchte den Seeweg nach Indien, der Genuese Kolumbus entdeckte Amerika, nach der ersten Weltumsegelung 1519–1522 war bewiesen, dass die Erde eine Kugel ist, und Kopernikus fand heraus, dass sie sich um die Sonne dreht. Die Kirchenlehre der alten Welt wird erschüttert. Die Musik, die Malerei, die Literatur spiegeln diesen Aufbruch in eine neue Zeit. Und die reichen Patrizierfamilien in den Städten überbieten sich an ihren Höfen mit prunkvollen Festen. Das ist die Geburtsstunde der Oper. Der Orpheus-Mythos steht ganz am Beginn der Operngeschichte, doch die mythologischen Inhalte der Opern, die Götter- und Heldengeschichten, werden bald ersetzt durch Alltagsgeschichten mit Themen aus dem ganz normalen Leben: Liebe, Trennung, Tod, Eifersucht. Die bürgerliche Oper war entstanden.

Weshalb rührt uns die Oper so an?

Weil die Kombination von Text und Musik, von einer Geschichte und von gesungenen, gespielten Tönen unser Herz unmittelbarer erreicht, als das ein Theaterstück oder eine Sinfonie je könnten. Die Oper befreit uns, sie setzt Gefühle frei, wenn wir da im Dunkeln sitzen: Das Orchester spielt, Verdis gigantische Chöre singen, ein Sänger tritt an die Rampe: »Addio, addio!« Das alles ist aberwitzig, ist von einer wilden Ungereimtheit, leidenschaftlich, es verführt zum Weinen, zum Lachen, zur Kühnheit. Mit dem Kopf kann man das nicht erklären, aber man fühlt es: Hier lässt sich nichts mehr zergliedern, hier spüren wir mit aller Wucht, was das ist, ein Mensch und seine ihn herumwirbelnden Gefühle. Für mich ist Oper Aufruhr.

Gerade die italienische Oper war, allen harten Zensuren zum Trotz, immer auch heimlicher politischer Aufruhr. Verdi vor allem hat zur Zeit des geteilten Italien in vielen Opern diese politischen Zustände beklagt und – wie verschlüsselt auch immer – angeprangert. Und er schrieb volksnah, man verstand ihn, seine Arien wurden zu Gassenhauern: »La donna è mobile«, »Oh wie so trügerisch« (aus *Rigoletto*) – das konnte ganz Italien schon kurz nach der Premiere singen; »Va', pensiero«, der Gefangenenchor aus *Nabucco* wurde zur heimlichen Hymne. Die Legende erzählt von einem Leierkastenmann, der eine Verdi-Arie kurz nach der Premiere in den Straßen von Mailand dudelte. Zufällig hörte Verdi das in seinem Hotelzimmer, ging hinunter, drehte selbst an der Kurbel und sagte: »*So muss das klingen!*« Am nächsten Tag hatte der Leierkastenmann ein Schild an seinem Instrument: »Schüler von Giuseppe Verdi.«

Die Menschen finden sich in diesen Melodien und Arien wieder. Violettas Liebe, Rigolettos Verzweiflung, Toscas Schuld, Mimis Armut – die Oper hilft, solche Zustände zu überwinden, uns zumindest für Augenblicke zu erlösen, uns unsere Emotionen ertragen zu lassen. Die hohe Emotionalität der italienischen Oper macht ihren Zauber aus. Und vor allem Verdis populäre Arien sind ganz gezielt als kleine Leuchtfeuer in ansonsten komplexen Kunstwerken eingesetzt: Das Duett der Freunde Don Carlos und Rodrigo kann man nachsingen, aber das Credo des Jago aus *Otello* oder die Arie der Amneris aus *Aida* – die kann man nicht nachsingen, so unendlich kunstvoll komponiert, wie sie sind. Verdi wusste es ganz einfach: Ich brauche ein paar volkstümliche Klänge, in deren Schlepptau das andere in die Ohren und die Herzen kommt. Das war seine geniale Idee, und sie funktioniert bis heute.

Wir müssen es neidlos und bewundernd zugeben: Die besten Köche kamen immer schon aus Italien, die besten Baumeister, und die italienische Oper ist eine ganz besondere Kostbarkeit.

Denn stark wie die Liebe ist der Tod

In Kapitel 8 des Hohelieds Salomos heißt es: »Denn stark wie der Tod ist die Liebe und ihre Leidenschaft unbezwinglich wie das Totenreich.« Das Motto der diesjährigen Salzburger Festspiele kehrt das kühn um und behauptet: »Denn stark wie die Liebe ist der Tod«.

Ist denn da ein Unterschied? Ja, sicher, im Original wird behauptet: Der Tod mag stark sein, aber genauso stark ist die alles umfassende Liebe. Das Salzburger Motto variiert: Gut, die Liebe ist stark, sie mag sogar so stark sein wie der Tod. Aber der Tod ist nicht zu unterschätzen; die Stellenwerte haben sich leicht verschoben, aber noch sind beide gleichauf, Liebe und Tod. Und ich drehe es noch eine Schraube weiter und sage: »Denn stärker als alle Liebe ist der Tod.«

An den Türen des Todes muss alle irdische Liebe enden, wir lassen alles hinter uns, wir schreiten durch ein Tor, durch das noch niemand zurückgekommen ist, da mag die Liebe noch so mit Tränen und Fäusten dagegenhämmern. Wir verdrängen den Tod aus unsern Gedanken, weil uns dieser endgültige Abschied so entsetzt.

Die Liebe liebt nicht nur das Wandern, die Liebe verändert sich, die Liebe lässt sich nicht halten, nicht erzwingen, und wenn der geliebte Mensch stirbt, mag man rasen, anklagen, heulen und fluchen, man mag trauern, sich beruhigen, abstumpfen – es kommt der Augenblick, in dem man wieder isst, trinkt, weiterlebt, atmet, sogar lacht. Vielleicht sogar wieder liebt. Tote rufen uns nicht mehr an, stehen nicht plötzlich vor der Tür, und irgendwann riecht auch das Bett nicht mehr nach dem geliebten Menschen. Mit wie vielen Toten leben wir in unserer Erinnerung? Es sind so viele. Und wie viele Lebende lieben wir? Es sind so wenige. Je älter wir werden, desto dramatischer wird die Überzahl der Toten.

Der Tod ist sehr viel entschiedener und endgültiger als die Liebe. Das Programm der Salzburger Festspiele kündet reichlich davon – nehmen wir nur einmal die Opern heraus und schauen uns kurz die Inhalte an.

Don Giovanni: Alle Aufzählungen von Liebesabenteuern finden im Untergang des unglücklichen, gar nicht lieben könnenden, immer nur erobernden Mannes ein Ende. Ein Toter – der Komtur – holt ihn ins Totenreich. Hans Neuenfels hat einmal die Frage gestellt, ob die Leidenschaft, die Don Giovanni zum Kampf mit dem Komtur treibt, nicht vielleicht die einzige große Leidenschaft ist, die er je gefühlt hat. Alles Verführen führt zum Tod, den er auch noch herausfordern, verführen will und an dem er – endlich – scheitert.

Otello: Rasende Eifersucht, Misstrauen, gesät von neidischen Feinden, zerstören die Liebe und verwandeln sie in Mord und Selbstmord.

Romeo und Julia: Es gibt keine Erfüllung der Sehnsucht, Schlaf und Tod vermischen sich, die Liebe erliegt entsetzlichen Intrigen und Irrtümern und endet im Tod der Liebenden.

Herzog Blaubarts Burg: Blaubarts geheimnisvolles Zimmer, das letzte Verlies, das niemand betreten darf, ist sein Herz. Da wohnt die Liebe, und wer sie herausfordert, dem blüht der Tod.

Rusalka: Der Prinz stirbt im seligsten Augenblick seines Lebens, als die Nixe Rusalka ihn küsst. Liebe und Tod sind ein und dasselbe.

Schließlich *Die Zauberflöte*: Eine der wenigen Opern, die »gut« ausgehen, aber was heißt schon gut? Die Oper erzählt von schweren Prüfungen und vom Kampf Tag gegen Nacht, Mann gegen Frau, Mutter gegen Vater. Ist es ein Sieg, wenn hier einer gewinnt? Wenn zwei am Ende vereint sind auf den Trümmern des Krieges um sie herum? Pamina und Tamino kriegen sich, aber wir wissen, dass die Liebe oft gerade dann endet, wenn man sich kriegt. Ich habe an das gute Ende für Tamino und Pamina nie so recht glauben mögen. Übrigens: Es geht eh nur gut aus, weil es die Zauberflöte gibt, diese Melodie, die Frieden stiftet; erinnern Sie sich bitte – die drei Damen, die dem verliebten Prinzen die Zauberflöte überreichen, singen am Anfang:

> »Hiermit kannst du allmächtig handeln,
> Der Menschen Leidenschaft verwandeln.
> Der Traurige wird freudig sein,
> Den Hagestolz nimmt Liebe ein.«

Die Zauberkraft der Musik hat das Paar gerettet – vorerst.

In den Opern, die Sie in den nächsten Tagen sehen und hören werden, ist also alles da: Liebe und Tod, diese einsamen Zwillinge, die zusammengehören. In den Schauspielen geht es weiter damit – Schuld und Sühne, Liebe und Tod sitzen immer mit am Tisch und sind nicht zu trennen. Gevatter Tod, sagen wir, Bruder Tod, Schlafes Bruder. Wenn der Tod aber unser Bruder ist, ist dann die Liebe die Schwester?

Und: Wer wären die Eltern?

Die Literatur, die Opern erzählen fast ausschließlich von Liebe und Tod. Es geht auch um Natur, um Jugend und Alter, um politische Konflikte, um Reisen, um gewichtige Stoffe aus der Mythologie – aber die großen, Jahrhunderte überdauernden Themen sind diese beiden: Liebe und Tod. Wenn ich ganz privat und heimlich in einem Raum die Worte sage: »Ich liebe dich«, ist das nur meine und des Angeredeten Sache. Wenn auf der Opernbühne gesungen wird: »Ich liebe dich«, ist es ein Aufschrei an die ganze Welt. Der Aufschrei erreicht alle, er erreicht die Seele, die losgelöst ist vom Bewusstsein, und er ist keine Sache des Verstandes mehr. Musik trifft uns in unserm Kern, und wenn es um Liebe geht, schon erst recht, denn das ist ein Gefühl, das wir alle kennen.

Claude Debussy hat gesagt: »Die Musik beginnt da, wo das Wort unfähig ist, etwas auszusprechen. Die Musik wird für das Unaussprechliche geschrieben.« Unaussprechlich ist im Tiefsten auch die Liebe, alle Worte, die wir für sie finden, treffen das Gefühl am Ende doch nicht wirklich. »Unmöglich, auf dem Grunde meines Herzens zu lesen«, schreibt Jules Renard, »dort verlischt die Kerze mangels frischer Luft.«

Und während die glückliche Liebe jubelt, schweigt oder klagt die unglückliche. In Opern und Theaterstücken geht es fast immer um die unglückliche Liebe. Glückliche

Liebe ist sterbenslangweilig, da gibt es nichts zu erzählen, das dümpelt so vor sich hin, schon Tucholsky wusste: »... und darum wird beim happy end / im Film jewöhnlich abjeblendt«, denn glückliche Liebe mündet leicht in Alltagslangeweile. Die Liebe endet mitunter auf dem Friedhof des ehelichen Schlafzimmers, die Leidenschaft verlässt irgendwann das Ehebett und sucht sich heimliche Treffpunkte, geheimnisvolle Orte, verschwiegene Hotels, exotische Ambientes. Dann funkelt es wieder für eine Weile, der neue Partner, die Partnerin wird zum Märchenprinzen, zur Märchenprinzessin, aber die häuslichen Katastrophen sind vorprogrammiert, und das Märchenhafte wird sich auch bald wieder verflüchtigen. Sehnsucht, das ist es, was uns umtreibt.

In der Tragödie, der Katastrophe, im Scheitern der Liebe liegt Wucht für Romane oder Opern; es braucht die Intrige, die Niederlage, den Irrtum, den Verrat, das kalte Herz, damit Liebesgeschichten groß und unverwechselbar werden. Und erst in diesem Wissen um die Vergänglichkeit der Liebe liegt ihre Kraft, ihre Bedeutung. Die Glücklichen sehen ja immer nur sich selbst.

Die wunderbare polnische Schriftstellerin Wisława Szymborska, die 1996 für ihre Poesie den Literaturnobelpreis bekam, hat darüber ein Gedicht geschrieben:

»Glückliche Liebe. Ist das normal
und ernst zu nehmen und nützlich –
was hat die Welt von zwei Menschen,
die diese Welt nicht sehen?

Zu sich erhoben ohne jedes Verdienst,
die ersten besten von einer Million, allerdings
　　überzeugt,
es habe so kommen müssen – als Preis wofür?
　　für nichts.
Von nirgendwoher fällt Licht –
Weshalb gerade auf die und nicht andre?
Beleidigt es nicht die Gerechtigkeit? Ja.
Verletzt es nicht alle sorgsam aufgetürmten
　　Prinzipien,
stürzt die Moral nicht vom Gipfel? Es verletzt
　　und stürzt.

Seht sie euch an, diese Glücklichen:
Wenn sie sich wenigstens verstellten,
Niedergeschlagenheit spielten, damit die Freunde auf
　　ihre Kosten kämen!
Hört, wie sie lachen - kränkend.
Mit welcher Zunge sie sprechen – scheinbar
　　verständlich.
Und diese ihre Zeremonien, Ziererein,
die findigen Pflichten gegeneinander –
es ist wie eine Verschwörung hinter dem Rücken der
　　Menschheit!

Schwer zu ahnen, was geschähe,
machte ihr Beispiel Schule,
worauf Religion und Dichtung noch bauen könnten.
Was hielte man fest, was ließe man sein,
wer bliebe denn noch im Kreis?

Glückliche Liebe. Muss das denn sein?
Takt und Vernunft gebieten, sie zu verschweigen
Wie einen Skandal in den besseren Kreisen
   des *Lebens*.
Prächtige Babys werden ohne ihr Zutun geboren.
Sie könnte die Erde, da sie so selten vorkommt,
niemals bevölkern.

So mögen alle, denen die glückliche Liebe fremd ist,
behaupten, es gäbe sie nicht.
Mit diesem Glauben leben und sterben sie leichter.«

In die letzten drei Zeilen hat sich ein Dennoch, ein Plädoyer für den Glauben an die glückliche Liebe eingeschmuggelt, und wir alle wissen ja auch: Manchmal gibt es sie wirklich. Nur ist sie so gut wie nie von Dauer. Man muss sie annehmen wie ein Geschenk, man darf nicht nachfragen, und wenn es vorbei ist, kann man es nie wieder zurückzuholen, dieses Herzklopfen. Der verwirrte Dichter Nikolaus Lenau soll an der Büste Platons vorbeigegangen sein und gesagt haben: »Das ist der Mann, der die dumme Liebe erfunden hat!«

Wir überfordern die Liebe. Es mangelt nicht an Liebe in der Welt, es mangelt eher an erträglichen Ansprüchen an die Liebe. Sie soll uns alles sein, sie soll ein Rausch sein, aus dem wir nie mehr erwachen, und doch erwachen wir beinahe immer, und dann steht die Liebe, wie es der herzzerreißende Mörike gedichtet hat, »am Pfahl gebunden, / geht endlich arm, zerrüttet, unbeschuht; / Dies edle Haupt hat nicht mehr, wo es ruht, / Mit Tränen netzet sie der Füße Wunden.«

Die Liebe enttäuscht uns, und den Tod und unsere Angst vor ihm sperren wir aus unserm Bewusstsein so gut wie möglich aus – wie menschlich und doch: wie falsch ist beides.

Die Liebe ist letztlich ein biochemischer Prozess, ich sage Ihnen gern die Formel für die biochemische Substanz, die das Liebessyndrom im Gehirn auslöst, sie lautet: $C_6H_5(NH_2)CH_3$. Auch der Tod ist, genau genommen, eine biochemische Formel. Etwas bricht vollständig zusammen, kollabiert, funktioniert nicht mehr. Und doch ist beides mit Bedeutung aufgeladen: Gibt die Vergänglichkeit der Liebe erst ihre Bedeutung, so gibt der Tod der Vergänglichkeit unseres Lebens eine ultimative Bedeutung.

Die Liebe stiftet Verwirrung. Der Tod stiftet Klarheit. Es ist gut, dass es ihn gibt, sagt Heidegger, sonst wäre alles, was wir tun, sinnlos, denn wenn wir nicht stürben, könnten wir jede Entscheidung irgendwann wieder rückgängig machen, was für einen Sinn hätte dann unser Leben? Der Tod zwingt uns, uns zu entscheiden und zu der Entscheidung zu stehen. Er strukturiert unser Leben, gibt ihm Sinn. Aber wir ertragen den Gedanken an den Tod nur schwer. Was kommt danach? Kommt überhaupt etwas danach? Gegenfrage: Warum muss denn immer noch etwas kommen? Ist es nicht irgendwann auch mal: ja, gut?

* * *

Es waren einmal ein Mann und eine Frau, die lebten unsterblich, ahnungslos und glücklich – wahrscheinlich glücklich, weil ahnungslos – in einem Paradies und durften alles tun, was sie wollten. Nur eines nicht: die Frucht von einem ganz bestimmten Baum kosten, vom Baum der

Erkenntnis. Wir wissen, wie die Geschichte ausging. Sie taten es dennoch, und das Paradies war verloren. Erkenntnis ist nicht der wahre Weg zum Glück, ein bisschen dümmer ist es leichter: »Dumm sein und Arbeit haben, das ist das Glück«, sagte der zynische Gottfried Benn. Mit dem Greifen nach dem Apfel kam das Be-Greifen, mit dem Be-Greifen der Verlust ahnungsloser Unschuld, das Er-Kennen, sich erkennen, sich begehren, die Liebe, das Gebären, der Tod. Und seit das so ist, will der Mensch »erkannt« werden; wir wollen an unserem Körper, an Haut und Haaren, nicht psychologisch analysiert oder durchschaut oder anerkannt werden, sondern nur: erkannt, wie eine Mutter ihr Kind erkennt. Die Künstler haben das geschafft, und wir erkennen ihre Bilder auf den ersten Blick, ihre Musik auf den ersten Ton. *Das* ist Unsterblichkeit. *Damit* erzählt der Mensch gegen den Tod an.

Scheherazade redet 1001 Nacht, um am Leben zu bleiben, und während der Mann, der sie töten will, ihr lauscht, verliebt er sich in sie. Und lässt sie leben. Hat hier die Liebe über den Tod gesiegt, dann doch endlich einmal? O nein. Das *Erzählen* hat gesiegt. Die *Kunst* hat gesiegt. Und das ist es, worüber ich nachgedacht habe für diese Rede, worüber ich zu Ihnen sprechen möchte am Beginn dieser Festspiele, die uns so viel von Liebe und Tod erzählen werden.

Ich möchte von meiner tiefen Überzeugung sprechen, dass es etwas gibt, das stärker ist als der Tod, das den Tod überlebt und besiegt, aber die Liebe ist es gewiss nicht, mag sie auch noch so oft beschworen werden in Gedichten, Romanen, Theaterstücken, Opernarien und Todesanzeigen. Liebe und Tod gehen eine dunkle Verbindung ein, Eros und Thanatos sind rätselhaft miteinander verwoben, und die Geschichte der Gefühle erzählt immer auch die Geschichte des Verlustes. *Eros*, Liebe, ist nach Freud das Bedürfnis, enge Verbindungen einzugehen, *Thanatos*, Tod, löst alle Verbindungen auf. Sie sind Gegenspieler und doch untrennbar verbunden, und nun kommt etwas Drittes ins Spiel: die Kunst, vor allem die Musik. Ihr Thema ist *Pathos*, das Leiden an dieser Verbindung.

Wenn auch die Liebe fast nie Bestand hat, wenn auch der Tod oft der einzige Ausweg aus verfahrenen Situationen ist, es gibt da also etwas, das immer und seit Jahrtausenden schon stärker ist als Liebe und Tod, etwas, das immer stärker sein wird, und das ist die Kunst. Die Literatur, die Malerei, die Musik – die vor allem.

Wir vergehen. Die Liebe erlischt. Der Tod räumt ab. Die Geschichten, die Bilder, die Musik bleiben, erzählen von uns, durch die Jahrhunderte, durch die Jahrtausende, verändern sich, gewiss, aber bleiben. 1001 Jahr und länger noch, es ist die Kunst, die das Menschsein rettet. Es ist die Kunst, die uns hält, tröstet, die die einzige Gewissheit im Unbegreiflichen ist. Die Kunst kann nie die Wahrheit sein, nach der wir vergeblich suchen, aber sie ist wahrhaftig, sie ist die einzige Luft, die wir atmen können in unserm Lebenskäfig, in den wir eingeschlossen sind, bis der Tod sanft oder unsanft den Käfig endgültig zumauert.

Hier sitzen wir. Wir leben. Wir ziehen uns schön an »wie Salomonis Seide«, wir glänzen, wir leuchten, wir sind voller Liebe, voller Erwartung, wir freuen uns auf diese Festspielwochen. Aber wir sind auch sehr verwöhnt, wir haben sehr hohe Ansprüche, wir haben uns das Mäkeln und Verurteilen angewöhnt, anstatt das Geschenk der

Kunst zunächst einmal anzunehmen. Auch für die Kritik würde ich mir etwas wünschen: Natürlich kritische Beachtung, natürlich Beurteilung mit dem Verstand und nicht nur mit dem Gefühl, *gnosis* und *emphasis,* wir brauchen beides, aber wie schön wäre das: ein Ende der Bosheit. Nicht vernichten, sondern zuerst einmal danken, dass überhaupt ... und wenn es missfällt: streng sein, gerecht sein, oder gleichgültig sein. Aber nicht zynisch, bösartig, zerstörerisch. Wir zerstören das Beste, das Wichtigste, das wir haben. Die ganze Kunst hat es schwer genug gegen ein einziges Fußballspiel. Wie viel Sport im Fernsehen, wie wenig Oper und Literatur! Wie viel Fußballfeste, wie wenig Kulturfestivals! Das Pflänzchen hegen, nicht gleich ausrotten.

Und wir sollten das wissen, was uns ja *Don Giovanni* so gut wie der *Jedermann* vorspielen: wie vergänglich alles ist, »how fragile we are«, singt Sting, wie zerbrechlich wir sind. Wir haben so viele Pläne für unser Leben, Pläne, Versicherungen, Richtlinien. Wir machen unser Leben, ja. Aber es wird auch gemacht, von Krankheit, Tod, Verlust, Unglück, Krieg. Am Ende haben wir gar nichts in der Hand, gar nichts. Mehr Demut wäre angebracht. Der Kummer frisst an uns, die Angst bohrt und pocht. Wir fürchten uns vor dem, was wir »Schicksal« nennen, und kämpfen dagegen an. Vor der Kunst, gegen die Kunst müssen wir nicht kämpfen. Wir können sie in uns aufnehmen, wir dürfen ihr vertrauen, sie heilt die Wunden, die wir fühlen.

Kürzlich saß ich in Paris lange in der Kirche Saint Sulpice (die in Massenets Oper *Manon* eine so wichtige Rolle spielt!), vor dem großen Gemälde *Der Kampf Jakobs mit dem Engel* von Eugène Delacroix. Sie erinnern sich vielleicht an die Stelle in der Bibel: Jakob kämpft verbissen mit dem Engel und sagt: »Ich lasse dich nicht, du segnest mich denn« (Genesis 32,27). Er kämpft, er will es wissen, er will es erzwingen, er will vielleicht auch erlöst werden, er stemmt sich, er lässt nicht locker, ehe nicht ... Ich gleiche diesem Jakob sehr oft. Ich stemme mich dagegen. Und nun saß ich da und sah das monumentale Bild, sah einen kraftstrotzenden Jakob, der sich anstrengt und quält, ein Knie in den Körper des Engels gestemmt, den Kopf gesenkt, beide Arme im Kampf gegen den Engel angespannt, und der Engel, er steht einfach nur da, groß, sanft, er hält Jakob, er hält die Balance, er kämpft gar nicht, er ist einfach da und wartet ab. Er ist die Ewigkeit, er dauert länger als dieser sinnlose Kampf.

Dazu brauchen wir die Kunst: um zu begreifen. Das Bild sagt uns: Lehn dich nicht auf, nimm an. Werd ruhig. Lass los, sei nicht im Kampf, sei bei dir. Ich habe die Kirche ruhig und getröstet verlassen.

Und wir kommen nach einem anstrengenden Arbeitstag voller Ärger und dem, was wir heute gewohnheitsmäßig Stress nennen, nach Hause und zur Ruhe, und dann erklingt Mozarts Requiem, dann hören wir König Philipps Arie aus dem 4. Akt von Verdis *Don Carlos*, das Adagio aus Mahlers 10. Sinfonie, wir hören Beethovens letztes Streichquartett oder die Altrhapsodie von Brahms, oder die Callas singt »Casta Diva«, und wir wissen, dass es etwas gibt, das größer und schöner ist als wir und das uns überdauern wird.

Emile Cioran, der düstere, schwermütige rumänische Philosoph, schrieb in seinem *Leidenschaftlichen Leitfaden*: »Nichts, mir hat nichts geholfen. Und hätte mir Bachs

Largo aus dem Konzert für zwei Violinen nicht zu Gebote gestanden, wie oft wäre ich nicht zugrunde gegangen? Ihm verdanke ich mich. In der schmerzvoll ausgeweiteten Schwere des sich außerhalb der Welt, des Himmels, der Empfindungen und Gedanken Wiegens senkten sich alle Tröstungen zu mir herab, und ich begann wie durch ein Wunder wieder zu sein, trunken vor Dankbarkeit. Gegen wen? Gegen alles und nichts. Denn in diesem Largo liegt eine Ergriffenheit des Nichts, ein Schauder der Vollkommenheit in der Vervollkommnung des Nichts.«

Die Kunst, die Musik als das rettende Geländer.

Wir sind, sagte die Schweizer Philosophin Jeanne Hersch vor mehr als zwanzig Jahren in ihrer Eröffnungsrede zu diesen Salzburger Festspielen, im Grunde Tiere, aber die Unschuld der Tiere haben wir verloren, wir sind Bestien, und – ich zitiere: »Dass wir ständig Gefahr laufen, wieder zu Bestien und Sklaven zu werden, hat uns die Geschichte gelehrt. Aber wir haben den gregorianischen Gesang gehört; die Psalmen Palestrinas; die Messen, die Chaconne, das Wohltemperierte Klavier Bachs; die Sonaten, *Così fan tutte*, das Requiem Mozarts; das Konzert und die Quartette Beethovens; die Lieder Schuberts und *Pelléas*, Bartòk, Debussy, Wozzeck – und viele andere. Danach scheint es unmöglich zu sein, die Freiheit je zu vergessen, den Menschen in uns und im Mitmenschen je zu verleugnen. Diese Stimmen aus allen Heimatländern würden uns wachrütteln, uns zurufen, wer wir sind und sein müssen, und uns an unsere Verpflichtung Europa gegenüber erinnern, wo sie sich entfaltet haben; sie würden uns zur gegenwärtigen Wachsamkeit rufen, ohne die Freiheit keine Zukunft hat. Noch radikaler als Rilke vor dem Torso

Apollos würde uns diese Musik sagen: ›Du musst dein Leben ändern.‹«

Wir dürfen uns ohne Furcht in das brillante Labyrinth der Musik begeben. Wir werden dort geheilt und gerettet. Irgendwo habe ich den Satz gelesen: »Es gibt keinen Montagmorgen, wenn man am Sonntagabend den *Lohengrin* gesehen hat.« Vielleicht ein bisschen überspitzt, der Montagmorgen greift immer nach uns, aber vielleicht trägt uns ja unterbewusst Elsas Gesang »Es gibt ein Glück, das ohne Reu« doch besser durch die Woche – wenn es auch bei Elsa und Lohengrin dieses Glück gerade nicht gab. Aber wir brauchen die Illusion so nötig, damit wir nicht verzweifeln. Noch einmal: Die Kunst ist ein rettendes Geländer. Die Poesie, die Musik rufen etwas in uns hervor, das uns verändert. Wir müssen es nur zulassen. Wir müssen Kunst und Kultur nicht als Ausfüllung von Freizeit begreifen, sondern als Seinsweise, wie Atmen und Essen.

Immer wieder sagen mir Menschen, ach, ich möchte so gern lesen, aber ich habe keine Zeit. Der Satz ist dumm. Wenn man das Lesen braucht, hat man auch Zeit dazu, es ist keine Zeit-, sondern eine Seins-Frage wie das Atmen. Wir müssen uns einlassen auf die Kunst, sie kann unseren Durst, unseren Hunger, unseren Kummer stillen, unsere Fragen beantworten, uns trösten. Uns retten. Es war Orpheus' Verhängnis, dass er seiner eigenen Kunst nicht traute. Er hat ja tatsächlich seine Liebste vom Tode erweckt und aus der Unterwelt befreit durch die Kraft seiner Musik, er hat es geschafft, das Undenkbare – und dann zweifelte er, er dreht sich um, und er verliert alles.

Wir dürfen die Kunst kritisieren, wir dürfen enttäuscht sein und uns zeitweise abwenden, aber wir dürfen niemals zweifeln. Sie ist nicht in erster Linie gut oder schlecht, neu oder alt, gefällig oder strapaziös, sie *ist*. Sie ist wie die Luft zum Atmen, die Erde, auf der wir gehen, das Wasser, das wir lebensnotwendig brauchen. Ein Leben ohne Töne, Wörter, Bilder ist kein Leben. Die Kunst ist keine biochemische Formel. Sie lebt, das schwirrt und klingt und leuchtet und saust und braust und überwältigt uns und nimmt uns den Atem, macht uns glücklich, macht uns zornig, tröstet, erklärt, führt weg, verführt, lässt sich nie greifen, nie begreifen, hat nichts zu tun mit einem dummen Apfel der Erkenntnis, die Kunst schwingt sich über all das hinweg. In den Tiefgeschossen der Ausweglosigkeit schlagen wir mit unsern Köpfen gegen den Beton von Liebe und Tod, Aida, eingemauert, singt. Wir aber hören den Gesang und sind gerettet.

Ist der Künstler demnach eine Art Schöpfer? Nein, er ist etwas wie ein Empfänger, sagt der Schriftsteller John Berger, und was wie eine Schöpfung wirkt, »ist ein Prozess, in dem das vom Künstler Empfangene eine Form findet.« John Berger hat viele Essays, Aufsätze, Betrachtungen über Künstler geschrieben, unter anderem über den Maler Edgar Degas, der gesagt hat: »Es gibt die Liebe und das Werk, aber man hat nur ein Herz«. Künstler legen ihr Herz in ihr Lebenswerk. Sie arbeiten nicht für den Augenblick. Sie arbeiten – ein großes Wort – für die Ewigkeit.

In seiner schönen Rede für die Bregenzer Festspiele 2006 schrieb der Schriftsteller Arno Geiger: »Es ist – allen voran – die Kunst, die mit einer widerständigen, beharrlichen Aufmerksamkeit versuchen sollte, den Weg an einen souveränen Ort vorauszudenken, an dem der Mensch mündig ist und wo er nicht allein gelassen ist mit seinem Leid.

Es ist die Kunst, die den Menschen zur Sprache bringen, die das Individuum beim Wort nehmen muss, zum Beispiel eines der fünfzehntausend, die in den letzten zehn Jahren zwischen Afrika und Europa ertrunken sind in der Hoffnung auf mehr Perspektive, auf ein menschenwürdigeres Leben. Zur Masse gehört immer einer mehr, als man denkt. *Dieser eine sollte jeder sein.*«

Das Wort »mündig« in diesem kurzen Text erinnert uns an Kant, an die Aufklärung, an den Ausgang des Menschen aus seiner selbstverschuldeten Unmündigkeit. Vielleicht muss die Liebe, nach der wir uns so sehr sehnen, der Lückenbüßer sein für die Lücke, die die Aufklärung in unsere romantischen Vorstellungen gerissen hat. Uns ist so kalt geworden in all unserer Rationalität, und dann haben wir die Postmoderne erfunden, die uns weismachen wollte, alles sei ohnehin nur Oberfläche und die Oberfläche sei leichter und bequemer zu leben als die Tiefe und die Abgründe der Seele. Kunst und Kultur als Wellnessprogramm – was für ein grauenvoller Irrweg.

Paul Klee sagt, Kunst mache sichtbar. Kunst ist das Herunterreißen der Masken. Hinter der Maske sitzt unsere Seele. Wenn wir in der Oper sitzen und diesen magischen Moment erleben – der Vorhang ist noch geschlossen, das Orchester stimmt sich ein, wir erwarten etwas, wir sind froh, gleichzeitig gelöst und gespannt –, ist das nicht ein magischer Augenblick, einer der wenigen magischen Augenblicke, die es in unserem geplanten und durchorganisierten Leben überhaupt noch gibt? Ich empfinde es so, und ich empfinde Glück und Dankbarkeit für dieses Geschenk der Magie. Natürlich sehen wir oft schlechte oder wirre oder selbstgefällige Inszenierungen, natürlich sind einige Opernhandlungen unentwirrbar und unerträglich, nicht mal Verdi selbst hat seinen Troubadour verstanden, natürlich ist es oft zum Lachen, wenn sie sterben und singen, aber all das hat so tief und so sehr mit uns zu tun. Kafka schrieb 1920 an seine Milena: »Es ist unrecht, über den Helden zu lächeln, der mit der Todeswunde auf der Bühne liegt und eine Arie singt. *Wir liegen und singen jahrelang.*«

Die Regisseurin Andrea Breth, deren Inszenierung nach Dostojewskis großem Roman *Schuld und Sühne* wir heute abend erleben dürfen, hat in einem Interview über die Zeit, in der wir heute leben, gesagt: »Ich empfinde sie als einen täglich zunehmenden Verlust an Menschlichkeit, an Geistigkeit, an Sprache, verantwortungslos, mit wachsender Vereinsamung, immer größerer Kluft zwischen Arm und Reich, erfüllt von Wurstigkeiten.« Dagegen setzt sie ihre Kunst, Kunst ist nicht wurstig, nicht beliebig, nicht arm. Kunst, allem voran Tonkunst, Musik, ist das, was wir für unsere Seele halten, was uns im tiefsten Kern erreicht. »Aber was man musiziert«, schrieb Gustav Mahler 1904 an Bruno Walter, »ist doch immer der ganze (also fühlende, denkende, atmende, leidende etc.) Mensch.«

Um leben zu können auf dem dünnen, zerbrechlichen Boden einer Grundvergeblichkeit, brauchen wir die humane Dimension der Kunst, Dichtung, die Musik, die Bilder. Am meisten die Musik als Klangsprache der Liebe. »Das Verständnis der Musik ist eine Lebensäußerung des Menschen«, sagt Ludwig Wittgenstein, und in Hermann Hesses *Glasperlenspiel* heißt es: »Und allgemein bekannt sind jene Berichte, Märchen und Sagen aus den Jugendzeiten aller Kulturen, welche der Musik, weit über alles nur Künstlerische hinaus, eine seelen- und völkerbeherrschende Gewalt zuschreiben, sie zu einem geheimen Regenten oder einem Gesetzbuch der Menschen und ihrer Staaten machen. Vom ältesten China bis zu den Sagen der Griechen spielt der Gedanke von einem idealen, himmlischen Leben der Menschen unter der Hegemonie der Musik ihre Rolle.«

Wir betreten die Bühne des Lebens durch einen Zufall, den Zufall unserer Geburt. Die Bühne ist unmöbliert. Wir beginnen unser Leben, wir zahlen den Preis der Einsamkeit für das, was wir Aufstieg nennen, wir beklagen Verluste, fahren Erfolge ein, und wir verlassen die Bühne eines Tages möbliert und hinterlassen eine Menge Plunder. Aber wir haben etwas Metaphysisches, wir haben unsere Seele, das, was bleiben wird, was man von uns erinnern wird. Am Tag meines Todes wird irgendwo in der Welt irgendwer die Mozartsonate spielen, an deren Vervollkommnung ich mich seit zwanzig Jahren abarbeite. Diese Sonate bleibt. Mozart hat sie geschrieben, wir Menschen haben sie zum Klingen gebracht, wir tun das durch die Jahrhunderte immer wieder, *das* bleibt.

Und das Großartige ist, dass auch unglückliche Künstler über Glück, ungeliebte über die Liebe schreiben können, weil ihnen ein Gott gab, zu sagen, was sie leiden – Sie kennen das Zitat, Tasso sagt es in Goethes Drama. Als Richard Wagner sich 1845 erstmals intensiv mit dem Tristanmotiv beschäftigte, schrieb er an Franz Liszt: »Da ich niemals das einzigartige Glück der Liebe im wirklichen Leben kennengelernt habe, wünsche ich diesem lieblichsten aller Träume ein Denkmal zu setzen, in dem sich solche Liebe vom Anfang zum Ende zumindest einmal erfüllen kann.« Wir wissen, wie die Liebe von Tristan und

Isolde endet: tödlich. Die Liebe kann sich nur im Tod erfüllen, die Musik als Sprache der Liebe und Seele erzählt davon. Und wir wissen, wo Wagners Liebessehnsucht endete: bei der rasend erhabenen, hohen Frau Cosima.

Der wahre Künstler erzählt aber nie von sich selbst und den banalen Niederungen seines Alltags, wir wissen es von Rimbaud: »Ich ist ein anderer«. Der Künstler erzählt von etwas Höherem, er besingt nicht das persönliche Schicksal, sondern das Leben selbst. Tristan und Isolde, Romeo und Julia, Don Giovanni und Donna Elvira, Pamina und Tamino, Otello und Desdemona: alles Metaphern. Der Künstler, sagt Nikolaus Harnoncourt, ist der Seismograph der geistigen Situation seiner Zeit. Luigi Nono bestätigt das, er schrieb 1960: »Alle meine Werke gehen immer von einem menschlichen Anreiz aus: ein Ereignis, ein Erlebnis, ein Text unseres Lebens rührt an meinen Instinkt und an mein Gewissen und will von mir, dass ich als Musiker wie als Mensch Zeugnis ablege.«

Der Künstler erzählt von dem, was wir alle kennen, zu kennen glauben, aber nur er kann so davon schreiben, komponieren, dass es bleibt und ewige Bedeutung hat. Ich scheue das Wort *ewig* in diesem Zusammenhang nicht. Mit Bach, sagt Cioran, fühlen wir die Sehnsucht nach dem Paradies. Mit Mozart sind wir drin.

Und Martin Walser schreibt in seinem letzten Buch *Ein liebender Mann*: »Wirklichkeit hat gegen Schönheit keine Chance«, er schreibt das an jener Stelle, als die neunzehnjährige Ulrike Musik hört und der alte Goethe sie dabei beobachtet; und in der exakt gleichen, wenn auch etwas kitschigeren Situation in dem Film *Pretty Woman* nimmt Richard Gere Julia Roberts, die eine Nutte spielt, zum ersten Mal mit in die Oper und sieht, wie sehr *La Traviata* sie erschüttert. In diesem Moment beginnt zwischen ihnen die Liebe. Ähnlich die Situation bei Walser – da weckt, denkt der alte Goethe, der Kontinent der Musik in der jungen Ulrike den Kontinent des Gefühls, einen von ihr bisher unbetretenen Kontinent: »Und er wagte eine Prophezeiung. Wenn diese Zuhörerin die hier besungene Sehnsucht in der Nichtmusikwelt kennenlernt, da, wo die Sehnsucht ihre wirkliche Gewalt ausübt mit dem Text: *Da, wo du bist, kannst du nicht leben, und dahin, wo du dich hinsehnst, wirst du nicht kommen*, dann wird sie auf diesen Kontinent der Musik fliehen, um die sogenannte Wirklichkeit ihren Untergang in der Schönheit wissen zu lassen. Das hat er jetzt erlebt: Solange die Sehnsucht in dieser Musik ist, zerstört sie uns nicht. Wir halten sie nicht nur aus, wir feiern sie. Für ein paar Augenblicke sind wir unzerstörbar. Die Wirklichkeit hat gegen die Schönheit keine Chance.«

Von einer Harmoniesekunde, denkt der alte Goethe, kann die Welt tausend Jahre zehren. So ist es. Die Kraft und die Schönheit der Kunst sind unzerstörbar und unvergleichlich. Wir müssen uns das nur wieder bewusst machen. Wir verlottern zu Konsumenten mit Musikberieselung im Auto, im Kaufhaus, im Restaurant, im Flugzeug, im Fahrstuhl, überall ist Gedudel, Filme werden mit Musik zugedröhnt, beim Joggen haben wir Stöpsel im Ohr, und die Pest der Handy-Klingeltöne verfolgt uns mit dem Türkischen Marsch oder der Kleinen Nachtmusik. Wir nehmen alles wahr und nichts mehr, die Tonspur des technischen Zeitalters kleistert uns zu mit etwas so grauenhaftem wie »Hintergrundmusik«. Musik braucht aber, wie die Literatur, wie die Betrachtung eines Bildes, *Stille*. Wir müssen wieder lernen, Stille zuzulassen, um für die Musik in uns einen Raum zu schaffen, in dem sie wirken und uns erreichen kann. »Ohne Musik wäre das Leben ein Irrtum«, sagt Nietzsche, ja, aber mit zu viel Musik, die aus jedem Auto an der Ampel dröhnt und jede Werbung für jedes Produkt untermalt, ist es die Hölle.

Wir müssen das Geschenk der Kunst, der Musik wieder als kostbar begreifen, denn es ist das Einzige, das uns bleibt, wenn aller Trost schwindet und die letzte Tür sich öffnet, ob bei Giovanni, bei Jedermann oder bei uns. Und auch, solange wir leben, ist sie unser Halt. Shakespeare erklärt es in *Was ihr wollt*:

»Wenn die Musik der Liebe Nahrung ist,
Spielt weiter!«

Musik *ist* der Liebe Nahrung. Liebe *ist* die Ablenkung vom Tod. Wir müssen uns aber gar nicht so sehr ablenken; in einer Gesellschaft, für die Jugendlichkeit und Gesundheit beinahe einen ersatzreligiösen Status haben, haben sich nur die Koordinaten verschoben. Wir empfinden den Tod geradezu als Kränkung, wie wir Falten neuerdings als Makel empfinden. Der Tod kränkt nicht. Er gewinnt nur einfach das Endspiel, aber die Musik schwebt lächelnd darüber, Pergolesis *Stabat mater* zwingt auch dem Tod die Tränen in die Augen. Die erste Oper, mit der wir vor zwölf Jahren die Kölner Kinderoper eröffneten, war Strawinskis *Nachtigall* nach dem Märchen von Hans Christian Andersen. Darin hört der Kaiser von China in seinem Riesenreich zum erstenmal die kleine Nachtigall, und er ist so gerührt von der Schönheit dieses Gesanges, dass ihm die

Tränen kommen. Wenig später aber erhält er eine diamantengeschmückte künstliche Nachtigall zum Geschenk, die man aufziehen und singen lassen kann, wann man will – und der echte Vogel ist abgemeldet. Jahre später liegt der Kaiser im Sterben, die künstliche Nachtigall ist längst kaputt, da kommt das unscheinbare Vögelchen herangeflogen, setzt sich aufs Fensterbrett und singt den Kaiser bis zum Morgengrauen gesund. Der Tod sitzt am Bett, lauscht und schleicht sich mit Tränen in den Augen, besiegt von der Schönheit der Musik, noch einmal davon.

Letztlich, sagt mein Freund Tomi Ungerer immer, ist das Gerippe mit der Sense nur ein melancholischer alter Zollbeamter, ein Grenzwächter zwischen Hier und Dort, und Schönheit kann ihn erweichen. Lassen wir uns ein auf die Kunst, mit Liebe, Demut, Mut und unbestechlicher Entschlossenheit. Vertrauen wir. Drehen wir uns nicht um.

Wir sind unsterblich.

Der Rest ist Schweigen.

Werther leidet

»Was ich von der Geschichte des armen Werthers nur habe auffinden können, habe ich mit Fleiß gesammlet, und leg es euch hier vor, und weiß, dass ihr mir's danken werdet. Ihr könnt seinem Geist und seinem Charakter eure Bewunderung und Liebe, und seinem Schicksale eure Tränen nicht versagen. / Und du gute Seele, die du eben den Drang fühlst wie er, schöpfe Trost aus seinem Leiden, und lass das Büchlein deinen Freund sein, wenn du aus Geschick oder eigner Schuld keinen nähern finden kannst.«

Es ist Goethe, der hier spricht. Diese Worte setzte er 1774 seinem *Werther* voran. Bewunderung sollen wir diesem verliebten Esel zollen? Liebe gar? Weinen sollen wir über sein selbstvertrotteltes Schicksal? Und wenn wir keinen Freund auf dieser Welt haben, soll uns seine Geschichte, soll uns dieses Buch ein Freund sein?

Goethe ist erst 25 Jahre alt, als er *Die Leiden des jungen Werthers* schreibt, er schreibt sich damit eine eigene unglückliche Liebesgeschichte von der Seele, und es scheint, er macht sich mit diesem vorangestellten Text über seinen Leser lustig. »Du gute Seele« nennt er ihn, und ausgerechnet um Werther soll er weinen, diesen Jammerlappen, von dem der kluge Lichtenberg sagte, das sei doch noch das Beste, dass er sich endlich totschösse.

Und warum tut er das eigentlich? Weil er eine Frau nicht kriegt, die – er weiß das von Anfang an – einem anderen versprochen ist und dem auch gern angehört! Der Mann hat zu viel Klopstock und Ossian gelesen, hat zu viel geschwärmt, ach, diese hellen Mondnächte aber auch, das ganze schwüle Landleben, da muss eine nur anmutig Brot schneiden, schon ist so ein Jüngling, der noch nichts erlebt hat, rettungslos in Anbetung verloren. Da steht er mit Lotte am Fenster, sie schauen hinaus in den nachlassenden Regen und sind ganz und gar Empfindsamkeit, beide:

»… sie sah gen Himmel und auf mich, ich sah ihr Auge tränenvoll, sie legte ihre Hand auf die meinige und sagte: ›Klopstock!‹ Ich versank in dem Strom der Empfindungen, den sie in dieser Losung über mich ausgoss. Ich ertrugs nicht, neigte mich auf ihre Hand und küsste sie unter den wonnevollsten Tränen.«

Versuchen Sie das doch mal heute, sagen Sie zu Ihrem Liebsten, wenn der Regen nachlässt, innig: »Klopstock!«, und er wird, wenn er ein bisschen gebildet ist, mit Lessing antworten, dass Klopstock zwar sehr zu loben sei, aber zu lesen …?

Die Riesengefühle von Werther passen nicht in den kleinen Kopf und die enge Brust, und so will und muss er denn daran sterben. Und bis es dazu kommt, diese endlosen Klagebriefe an den geduldigen Freund Wilhelm. So schreibt er zum Beispiel am 10. August: »Ich könnte das beste glücklichste Leben führen, wenn ich nicht ein Tor wäre. So schöne Umstände vereinigen sich nicht leicht zusammen, eines Menschen Herz zu ergötzen, als die sind, in denen ich mich jetzt befinde. Ach so gewiss ists, dass unser Herz allein sein Glück macht!«

So ist es, möchten wir ihm zurufen. Werther schmollt und klagt und leidet, und wenn er sich nicht erschießen würde, dann hätte es jemand anders dringend tun müssen, der gute Albert vielleicht, Lottes Verlobter und schließlich Ehemann. Aber von dem leiht er sich erst noch die Pistole, dann zieht er die Kleider an, die er bei der ersten Begegnung mit Lotte getragen hat, schreibt den Abschiedsbrief, legt Lessings *Emilia Galotti* aufgeschlagen auf sein Pult, und dann der Todesschuss, und »Handwerker trugen ihn. Kein Geistlicher hat ihn begleitet.«

Werthers Selbstmord fand unter Liebeskranken nicht wenige Nachahmer, sie kleideten sich sogar wie er: blaugelb. Goethe, von der Kirche vorwurfsvoll ermahnt, argumentierte, er selbst sei ja nun das beste Beispiel dafür, dass man sich nicht umbringen müsse, sondern sich Kummer von der Seele schreiben könne, er lebe ja schließlich noch.

Und an den Bischof von Derby, einen Lord Bristol, der ihm die Verführung zum Suizid vorwarf, schrieb er: »Und nun wollt Ihr einen Schriftsteller zur Rechenschaft ziehen und ein Werk verdammen, das durch einige beschränkte Geister falsch aufgefasst, die Welt höchstens von einem Dutzend Dummköpfen und Taugenichtsen befreit hat, die gar nichts besseres tun konnten, als den schwachen Rest ihres bisschen Lichtes vollends auszublasen.«

Der Pfarrer Johann Melchior Goeze, der sich schon mit Lessing immer herumgezankt hatte, schrieb seufzend: »Und keine Zensur hindert den Druck solcher Lockspeisen des Satans? Ewiger Gott! Was für Zeiten hast du uns erleben lassen!« Lessing dagegen hat begriffen, worum es ging. Er mahnte Goethe nur, doch noch mehr zu beschreiben, warum eigentlich dieser vermaledeite Werther einen derart verdrehten Charakter habe, und er schloss: »Also, lieber Göthe, noch ein Kapitelchen am Schlusse; und je zynischer, je besser.«

Da kann Thomas Mann später noch so sehr von einem Meisterwerk reden und es mit seiner *Lotte in Weimar* weiterschreiben, uns ist dieser Schwärmer verdächtig, wenngleich wir ihm die Richtigkeit gewisser Gedanken nicht absprechen wollen: »Musste denn das so sein? Dass das, was des Menschen Glückseligkeit macht, wieder die Quelle seines Elends würde« (*Werther*, 18. August).

Und wir werden den Gedanken nicht los, dass Werther bei dieser ersten Liebe ein bisschen länger hätte durchhalten müssen, dann wäre das wie eine Impfung gewesen, und er hätte die kommenden Enttäuschungen leichter ertragen. Man muss lernen, es auszuhalten.

Unerwiderte Liebe schmerzt. Wer wüsste das nicht. Aber wenn sich alle erschießen würden, die unerwidert lieben, sähe es schrecklich aus in der Welt, noch schrecklicher. Und so wollen wir den *Werther* denn als Stoff für Gedichte, Liebesbriefe, Oden, Opern nehmen. Denn eines macht seine Geschichte ja auch sehr deutlich klar: Es gibt eine Realität, in der wir leben, und eine Idealität, die wir erträumen, und dazwischen können wir, wenn wir nicht aufpassen, zerrieben werden. Werther, der Schwärmer, Albert, der Realist, Lotte, zwischen beiden hin- und hergerissen, das kann nicht gutgehen – »Man fürchtete für Lottes Leben« – aber das ist – von Traviata bis Tosca – doch genau der Stoff, aus dem die schönen Opern sind.

Und genau das hat auch Jules Massenet sofort gespürt. In seiner Autobiographie »Mein Leben« schreibt er: »*Eine derartig wilde, verzückte Leidenschaft trieb mir die Tränen in die Augen. Diese aufwühlenden Szenen, diese fesselnden Bilder – was musste das alles hergeben!*« Da aber war das Wertherfieber schon gut hundert Jahre vorbei, und die Welt stand im Maschinenzeitalter des 19. Jahrhunderts. Wieso plötzlich wieder Werther? Es ist nicht mehr der Werther Goethes, die Vorlage wurde sehr verändert, und Massenet vertonte keinen Roman, sondern schrieb eine ganz eigene lyrische Oper.

Und plötzlich nehmen wir den Stoff wieder ernst, plötzlich ist das Schwärmerische weg und das Tragische da, und plötzlich fühlen wir: Doch, er könnte uns ein Freund sein, dieser zum Tode verzweifelte Mann. Wenn wir ihn aus der Goethezeit herüberdenken in unsere Zeit der elenden »Beziehungen« statt Lieben, der gesellschaftlichen Einsamkeit, der verluderten Gefühle, dann ist er uns auf einmal tragisch nah, dieser über jeden Zeitgeist hinaus ewige unglücklich Liebende, zum Tode bereit, ausweglos. Und nicht nur das: Er ist ja auch der einsam Empfindende überhaupt in einer Gesellschaft, die mit Künstlern und Gefühlen nicht viel anfangen kann. Die Dichterin Karoline von Günderrode ersticht sich mit 26 Jahren, Heinrich von Kleist erschießt sich mit 34, weil ihm auf Erden, wie er sagte, nicht zu helfen war. Wie kalt ist denn eine Erde, die ihren Künstlern solches zumutet?

Und kann es denn sein, dass wir vielleicht das Problem eher mit Goethe haben als mit Werther? Hat Goethe sich über seinen eigenen schwachen Helden lustig gemacht, uns mit diesem Zynismus angesteckt, und wenn wir es recht bedenken, sind wir ja auch Werther und leiden auch an der Liebe, an der Kälte der Zeit, und Goethe guckt spöttisch auf uns herunter und lacht?

Thomas Bernhard hat ihn gehasst, diesen Goethe. »Goethe ist im Grunde nichts anderes als der Heilpraktiker der Deutschen, der erste deutsche Geisteshomöopath. Das ganze deutsche Volk nimmt Goethe ein und fühlt sich gesund. Aber Goethe ist ein Scharlatan, wie die Heilpraktiker Scharlatane sind, und die Goethesche Dichtung und Philosophie ist die größte Scharlatanerie der Deutschen. Allen verdirbt er den Magen, nur den Deutschen nicht, sie glauben an Goethe wie ein Weltwunder. Dabei ist dieses Weltwunder nur ein philiströser philosophischer Schrebergärtner. Seine Theaterstücke sind gegen die Stücke Shakespeares beispielsweise so gegeneinander zu stellen wie ein hochgewachsener Schweizer Sennhund gegen einen Frankfurter Vorstadtdackel. Goethe ist der Totengräber des deutschen Geistes.« Das sitzt. Goethe als Frankfurter Vorstadtdackel ...

Und auf einmal ist uns Werther näher als Goethe, und dann finden wir bei Goethe selbstironisch diesen Satz: »Ich korrigiere am Werther und finde, dass der Verfasser übel gethan hat, sich nicht nach geendigter Schrifft zu erschießen.« Schon wieder kommt er uns zynisch. Nie hätte er sich erschossen. Seinen Welterfolg, seinen Reichtum hat er mit diesem Jugendroman begründet, das wusste er sehr wohl. Sein Liebeskummer war längst vergangen, sein Werther von ihm längst verlassen, ja verraten. »Goethe war kalt, indifferent; er sympathisierte nur mit der Ewigkeit, nicht auch mit der Zeit, die ein integrierender Teil von jener ist«, schrieb Georg Herwegh. H. C. Artmann nannte ihn einen miesen Charakter und beamtenhaften Streber,

T. S. Eliot einen Pfuscher in Philosophie und Dichtung, Paul Claudel einen großen feierlichen Esel, Börne hasste ihn geradezu, und für James Joyce war er der Großmeister der Platitüde. Lessing sagte spöttisch über ihn: »Wenn er je zu Verstand kommt, so wird er nicht viel mehr als ein gewöhnlicher Mensch sein.«

Und wir denken vorsichtig: Wenn wir diesen armen jungen Werther, diesen noch so lebensunerfahrenen Schwärmer, diesen verliebten Jüngling einfach mal trennen vom Großmeister Goethe – ist er uns dann vielleicht nah? Goethe selbst hat ihn ja schon im Laufe des Schreibens verloren, kalt herunterfallen lassen. Lesen wir doch nur mal aufmerksam den Schluss des *Werther*, dann fällt auf, wie nach so vielen eloquenten und schwärmerischen Seiten der Tod ganz schnell und beinah rüde abgehandelt wird: »Als der Medikus zu dem Unglücklichen kam, fand er ihn an der Erde ohne Rettung, der Puls schlug, die Glieder waren alle gelähmt; über dem rechten Auge hatte er sich durch den Kopf geschossen, das Gehirn war herausgetrieben. Man ließ ihm zum Überflusse eine Ader am Arme, das Blut lief, er holte noch immer Atem. Aus dem Blut auf der Lehne des Sessels konnte man schließen, er habe sitzend vor dem Schreibtische die Tat vollbracht. Dann ist er heruntergesunken, hat sich konvulsivisch um den Stuhl herumgewälzt; er lag gegen das Fenster entkräftet auf dem Rücken, war in völliger Kleidung, gestiefelt, im blauen Frack mit gelber Weste.«

Ein ganzes Buch hindurch die innigsten Gefühle, und nun dies: wie ein nüchterner Polizeibericht. Oh Goethe, wie durchtrieben, wie viel Distanz, wieviel Kälte.

Reichen wir ihm über die Jahrhunderte hinweg die

Hand, diesem unglücklichen jungen Werther, wir, die wir auch vergebens lieben, uns ver- und zer-lieben. Er hat ja recht: »Es geht mir nicht allein so. Alle Menschen werden in ihren Hoffnungen getäuscht, in ihren Erwartungen betrogen« (*Werther*, 4. August).

Dagegen setzen wir das *Dennoch* der Kunst, der Literatur, der Musik, der Oper.

Salzburg im Mozartjahr

Müssen wir an dieser Stelle noch ein Wort verlieren über Mozarts Genie, seine Kunst, seine Musik? Franz Schubert schrieb am 13. Juni 1816: »O Mozart! unsterblicher Mozart, wie viele, o wie unendlich viele wohltätige Abdrücke eines lichtern, bessern Lebens hast du in unsere Seelen geprägt!«

Jeder weiß es: Mozart ist göttlich, und bestimmt sitzt er zusammen mit Bach zu Füßen Gottes, wenn Gott denn Füße hat. »Is eh kloar«, würden die stolzen Salzburger zu etwas derart Selbstverständlichem sagen.

Wenn man also zu Beginn des Mozartjahres 2006 nach Salzburg fährt (natürlich mit dem Zug! Obwohl es einen Flughafen gibt! Raten Sie, wie er heißt? Richtig: Airport Wolfgang Amadeus Mozart), dann erwartet man Mozart allüberall. Um jede Ecke wird es huschen, das rote Samtröckchen, das weißgepuderte Zöpfchen, in jedem Café wird sie erklingen, die Kleine Nachtmusik, überall wird sie rollen, die berühmte Mozartkugel. Man ist gewappnet, und deshalb hatten der Fotograf Tom Krausz und ich beschlossen, energisch nach mozartfreien Zonen zu suchen, uns ein wenig zu entziehen – Trakl! Stefan Zweig! Paracelsus! Das alles ist doch auch Salzburg! Wir werden das andere Salzburg entdecken, so wie wir auf früheren Reportagereisen überfrequentierte Orte immer konsequent gegen den Strich gebürstet haben.

Ach, es kam anders, ganz anders. Dieser Mozart ist einer, in den man sich verliebt, und das kann kein Weißbierglas mit seinem Konterfei zerstören, kein »Mozart-for-men«-Herrenduft, kein T-Shirt, keine Einkaufstasche, keine Mozartwurst in Geigenform, kein Mozartschnaps und kein Mozartporträt auf dem Nachtischteller, mit der Kakaoschablone hingestäubt. Er lacht über das alles und turnt in Tönen darüber hinweg und bleibt klar, schön, genial, was auch immer man mit ihm anstellt.

Und um auch das vorweg zu sagen: Warum sollen nicht zum Gedenkrummel rund um die Todes- und Geburtstage Andenkenhändler, Kaufleute, Cafébetreiber und andere an ihm ein wenig verdienen? Geschenkt. Kulturtourismus ist immer auch ein Wachstumsfaktor. Aber was diese doch relativ kleine Stadt Salzburg zwischen ihren Felsen und der Salzach in diesem Jahr zu Mozarts 250. Geburtstag für ein Programm stemmt, das kann einem den Atem rauben und nötigt uneingeschränkten Respekt ab. Alle 22 Opern werden gespielt, täglich Konzerte, in fast allen Kirchen gibt es laufend das Reqium, Messen, Kirchenmusik von Mozart, die immense Ausstellung »Viva Mozart« ist zu sehen, alle Großen der Musikwelt werden kommen und im Dom, im Mozarteum, im Landestheater, im großen und im neuen kleinen Festspielhaus, in Sälen und im Freien dirigieren, inszenieren, singen, spielen – das Juilliard String Quartet und Harnoncourt mit den Wiener Philharmonikern, Riccardo Muti und Anna Netrebko, Valery Gergiev und Mitsuko Uchida, Daniel Barenboim, Andras Schiff, Sabine Meyer, Thomas Hampson und Thomas Quasthoff, und es geht das ganze Jahr hindurch so weiter. In der Bar des Sacher sehen wir Anne-Sophie Mutter, im Landestheater inszeniert Doris Dörrie *La finta giardiniera* und ist über den Erfolg so glücklich, dass sie sich endlich einmal ohne Sonnenbrille unter die Leute traut. Ihre falsche Gärtnerin bewegt sich zwischen den Regalen eines Gartencenters, und die witzigen Einfälle purzeln nur so: tanzende Riesenstiefmütterchen, nickende Buchsbäume, mit der Heckenschere wird die Rokokofrisur bedroht, und wie im Gartencenter, so hat auch in der Liebe alles seinen Preis. Die dreistündige Aufführung hat nur wenige angestrengte Momente, meist ist es eine leichte, unbeschwerte Freude, dieser Musik eines Neunzehnjährigen zuzuhören.

Die Kritik war damals nicht gnädig: »Ein buntes, geschmackloses Ding«, schrieben die Dramaturgischen Blätter Frankfurt 1789, »auch Mozarts Musik machte wenig Sensazion auf unser Publikum.« Diesmal war das Publikum durchweg begeistert und die Premierenfeier in Mozarts Wohnhaus gegenüber am Makartplatz euphorisch. Die Regisseurin und ich schlichen uns ein wenig abseits zu einer Vitrine, wo der erste, 1829 gedruckte Klavierauszug der 1774 komponierten *Finta giardiniera* hinter Glas liegt und ein rührend kleiner, vergilbter Brief von Mozart an seine Mutter, 14. Januar 1775: Es sei bei der Premiere der *Gärtnerin* »nichts als geglatscht und bravo geschryn worden, bald aufgehört, wieder angefangen und so fort«.

Am nächsten Tag haben wir das grandiose Juilliard String Quartet gehört und am Abend in der gemütlichen Kneipe »Zum Eulenspiegel« eine junge Frau aus Thüringen getroffen, die auch dort und noch völlig ergriffen war

– man begegnet sich, diskutiert, freut sich gemeinsam. Salzburg ist klein, man trifft einander, beim Tafelspitz im Restaurant, bei Himbeertorte im Café Tomaselli, beim Bier im Brauhaus. Und Mozart verbindet. An Mozart darf keiner kratzen, darum stößt das Denkmal von Markus Lüpertz auf so erbitterten Widerstand: Das ist nicht der Götterliebling! Das ist ein hässlicher Torso, der ist ja verkrüppelt, mehr Frau als Mann, was soll denn das? Ich habe mir einen Spaß daraus gemacht, immer wieder nach dem Weg zum Lüpertz-Denkmal zu fragen, nur um zu hören: »Gehn's da ja nicht hin!« – »Grauslig, das müssen's nicht sehen!« – »Eine Schande, eine Zumutung, degoutant!«

Und so haben sie ihn denn auch etwas weiter abseits aufgestellt, auf dem Ursulinenplatz, aber er hat es noch gut, verglichen mit dem scheußlichen Parkplatz, der nach Herbert von Karajan heißt! Da steht er nun also auf seinem Steinsockel und schaut hinüber zur Markuskirche des Fischer von Erlach, zwei Meter fünfundneunzig groß, aber gedrungen wirkend, eine provozierende Figur. Die Salzburger sind beleidigt. Ach, ihr vernagelten Salzburger, denkt doch mal nach, guckt doch mal hin: Einen Meter fünfzig war er groß, euer Mozart, unser Mozart. Er hatte ein Doppelkinn, Glubschaugen, Pockennarben im Gesicht. Er war wahrhaftig keine Schönheit. Er war zerrissen, umgetrieben, sinnlich, ein Zocker, ein frivoler Spieler, dabei unglücklich, im Grunde tief einsam, er hatte nicht die Anerkennung, die er hätte haben müssen – erst nach seinem frühen Tod hat man begriffen, wie sehr sein musikalisches Schaffen die Welt für immer verändert hat. Er war zugleich vollendet und Fragment, so früh gestorben, noch gar nicht fertig mit dem Leben und dem Schaffen. Und das alles zeigt Lüpertz – das Halbfertige, das Verwirrte, das Kraftvolle und das Verletzliche, und es ist so viel mehr Mozart als dieser pathetische drei Meter große elegante Herr aus Bronze da auf dem Mozartplatz mit Blick zur Residenz, aus der man ihn einst mit einem Fußtritt entlassen hat! Lüpertz zeigt nicht den kleinen Wolfgang, sondern das Gefährliche der Kunst, die ein Genie derart zerreißt. Mozart war nicht »der Komponist idealer Welten«, schreibt Eva Gesine Baur in ihrem Buch *Mozarts Salzburg*, sondern der Komponist »menschlicher Wahrheit und Wirklichkeit«. Und genau das zeigt Lüpertz mit seiner Skulptur.

Was für ein rasantes Leben hat er geführt! 35 Jahre, 10 Monate und 9 Tage hat es gedauert, und davon war er 10 Jahre, 2 Monate und 8 Tage auf Reisen, ein Drittel dieses Lebens. Man reiste in holperigen Postkutschen mit 15 Stundenkilometern, bei Unwettern, mit Achsenbrüchen, Rückenschmerzen, es war unmöglich, auf diesen Reisen zu schreiben. Mozart komponierte im Kopf, hielt die Hände unters schmerzende Gesäß, und wenn er ankam, schrieb er die Noten auf, die ihm unterwegs eingefallen waren. Wenn einer die bequeme Eisenbahn dringend hätte brauchen können, in der Sie gerade sitzen und wahrscheinlich ein Handyklingeln mit Mozartmotiven hören, dann war das der Jetsetter Mozart.

Irgendwann haben wir aufgehört, ihm in Salzburg nicht mehr begegnen zu wollen. Wir haben ihn überall gefunden, oft auch in absurden Zusammenhängen. Da ist zum Beispiel der erbitterte Streit der Mozartkugelhersteller Mirabell und Fürst um die einzig wahre Kugel. Mit Aktenzeichen OHG 4 Ob 2131/96b des erstrittenen Gerichtsbeschlusses steht es unten rechts in Fürsts Schaufenster: Nur die blausilbern verpackte Kugel der Familie Fürst, erfunden 1890, ist die originale Mozartkugel. Alle anderen sind vielleicht echte Salzburger Mozartkugeln, aber nicht originale! Also, noch mal deutlich: Wenn »echt« draufsteht, essen Sie in Wirklichkeit eine Kopie. Und da, wo »original« draufsteht, haben Sie was Echtes. Dafür hat die unterlegene Firma Mirabell trotzig das Porträt auf ihren rotgoldenen Kugeln verändert: zum Mozartjahr der verjüngte Mozart! Nicht mehr das Porträt von Barbara Krafft von 1819 soll die Echten Salzburger Mozartkugeln (echt! nicht orginal! wehe! Aktenzeichen!) nun zieren, sondern ein neues, verjüngtes, angefertigt von einem Herrn Kiefer aus München, der auch für *Stern* und *Spiegel* Titelbilder entwirft, und so sieht der neue Mozart denn auch aus: eine Art André Rieu des Rokoko. Herr Kiefer findet, das sei nun ein Mensch von heute und nicht so ein verknöcherter alter Mann von damals ... is eh kloar. Herr Kiefer entwirft übrigens auch eine überdimensionale rollende Mozartkugel, und dieses Unternehmen heißt »Roll on Mozart«, hat aber nichts mit dem Mozartkugeldrehkurs zu tun, den die Stadt selbst anbietet. Davon erfahren wir auf einer Pressekonferenz, auf der es sehr englisch zugeht. Wir hören von »Happy birthday, Mozart!«, von der Reihe »Best of Mozart«, natürlich von »Rock me, Amadeus« und von »Mozart 4 Kids«. »Er ist unser Hero«, hören wir; und auf der großen Erlebnisausstellung »Viva Mozart!« gibt es »Touchscreenmonitore« und »Audioguides«, ja, wir sind hier im 21. Jahrhundert. Von Kosten in Milliardenhöhe ist die Rede, aber auch von Identifikation mit Mozart. Der

Geschäftsführer der Tourismus Salzburg GmbH weiß: In jedem von uns steckt doch a bisserl das Wolferl, auch wir haben wie er Ehe- und Finanzprobleme, wir alle sind Mozart, aber das Genie – das hatte eben nur er.

Abends beim festlichen Mozart Dinner Concert im Barocksaal des Stiftskellers von St. Peter sieht die ganze kleine Sänger- und Musikantenkapelle aus wie Mozart: rote Röcke, weiße Spitzen, und während wir Lemonisupperl mit feinem Zimt und Mozarts Lieblingsspeise, gebratenen Kapaun mit Erdäpfelbirne an Salbei-Trüffelrahm, essen, spielen sie uns »Là ci darem la mano«, »Eine kleine Nachtmusik«, Papagenogeplapper und andere »Highlights« des großen Künstlers vor, bei Kerzenschein, zu moderaten Preisen, in angenehmer Umgebung und in der Gesellschaft schwitzender Amerikaner in dicken Skipullovern. Diese Dinners gibt es täglich, das ganze Jahr hindurch, und wenn die Musiker etwas weniger rasant spielen würden, denn sie wollen natürlich rasch durchkommen, könnte es sogar ein noch schönerer Abend sein.

Aber auch Modernes ist zugelassen, auch Motz-art ist erlaubt, und Robert Wilson durfte in den Räumen des Geburtshauses eine Performance mit wachsbleichem Mozartkind unter Neon in weißem Kinderbett anbieten, auf Nannerls Spinett wackelt ein Holzhund mit den Pfoten und jault. Unfug und Devotionalien gehen eine liebenswert verrückte Allianz ein. Eine Leuchtschrift im Innenhof zitiert das Wolferl: »Madame Mutter, ich esse gerne Butter.« Die Japaner fotografieren hier nicht nur nonstop, sie finden sich sogar schon unter den leidenschaftlich und freundlich engagierten Aufsehern im Mozarthaus. Vielleicht haben sie in ein paar Jahren alles ganz und gar übernommen?

Wir sehen prächtige Kleider und Perücken. Leopold Mozart ließ für sich und den Sohn kirschrote Röcke mit apfelgrünem oder himmelblauem Futter und Silberknöpfen anfertigen. Die Perücken wurden gepudert, indem man den Puder in die Luft stäubte und auf das Haar herabrieseln ließ. Nach Salzburg schrieb der Vater von einer Reise: »Wir waren schön wie die Engel.« Auch Schönheit ist abhängig vom Geschmack der Zeit. Nicht Mozarts liebevoll restauriertes Geburtshaus, sondern das brutal direkt daneben gedonnerte Fischgeschäft mit Alufenstern ist, so gesehen, die Zukunft. Dafür stehen auf den Fensterscheiben des Gabler Bräu in der Linzer Gasse versöhnlich bewundernde Worte des Komponistenkollegen Ferruccio Busoni: »Mozart kann sehr vieles sagen, aber er sagt nie zu viel!«

Da war Busoni klüger als der Kaiser Joseph II., der nach der Premiere der *Entführung aus dem Serail* geklagt haben soll: »Zu viele Noten, lieber Mozart!« Und Mozart soll selbstbewusst geantwortet haben: »Ja, Euer Majestät, aber keine einzige umsonst.«

Über den Friedhof von St. Peter zieht der leckere Duft frischgebackener Brötchen aus der ältesten und besten Bäckerei. Die Brötchenholer gehen mit ihren warmen Tüten quer über den Friedhof, vorbei an der gleich rechts gelegenen Gruft der Originalmozartkugelfamilie Fürst. Auf einer Bank steht, sehr heutig, das Graffito: »Elche rocken die Welt!« Elche, nicht Amadeus. Und über einem Lehrergrab lesen wir die rührende Bitte:

»Gibt's im Jenseits eine Schule dein,
Herr, dann lass mich wieder Lehrer sein!«

Hier liegt auch Mozarts Schwester, das Nannerl, das es dann noch zur Freifrau Marianne schaffte, und dort steht über einer Gruft: »O dasz ihr weise wäret und verstündet, was euch hernach begegnen wird!« Nanu, ist da tatsächlich doch einmal einer vom Jenseits zurückgekommen und weiß Bescheid, dass es schrecklich wird? Auf St. Sebastian, wo Vater Leopold und Mozarts Frau Constanze begraben sind, verkündet aber die Inschrift an einem Grab: »Die Leiden dieser Zeit sind nicht zu vergleichen mit der zukünftigen Herrlichkeit.« Es wird also in Salzburg sowohl um Mozartkugeln wie auch ums Jenseits gestritten, neuerdings auch um den Schnaps, der Mozart heißen darf oder auch nicht, da versteht die Mozart Distillerie GmbH keinen Spaß.

Dem Wolferl wär's eh wurscht. Er hat sie nicht gemocht, diese Salzburger, die ihn jetzt so glühend verehren und so rauschend feiern. Dabei hat er die meisten seiner Werke hier geschrieben, und es ist schon ein Gänsehautgefühl, in St. Peter zu stehen und zu wissen: Hier hat er auf der Orgel gespielt, hier erklang im Oktober 1783 seine c-moll Messe, und seine Constanze sang die Sopranpartie. Bei unserem Besuch war es Januar, es war eisig kalt, abends fiel frischer Schnee, tiefe Stille draußen, ein heller, geheimnisvoller Himmel, und plötzlich war er spürbar da, der Mozart mit seiner all diese Felsen erweichenden Musik, der Orpheus, der uns aus unseren Unterwelten zurückholt mit der Kraft seiner Musik.

Ein Jahr mit Mozart. Er wird es überleben. Und wir? Aber ja. Kann es denn überhaupt ein Jahr ohne Mozart geben?

Glyndebourne
Eine Reise ins Innere

10. August 2006. Auf dem Hamburger Flughafen erfahren der junge Komponist Marc-Aurel Floros und ich, dass alle Flüge nach London wegen geplanter Terroranschläge gestrichen sind. Wir haben einen Flug nach London, und wir haben mühsam ergatterte Eintrittskarten für zwei Opern beim legendären Festival in Glyndebourne. Wir sind Opernliebhaber, Fans, *aficionados*, wir wollen nach Glyndebourne, egal wie, und wir handeln schnell. Von der sogenannten Achse des Bösen, die sich hier plötzlich präsentiert, wollen wir uns die Reise nicht kaputtmachen lassen. Statt nach London fliegen wir rasch und, wenn es sein muss, auch ohne Gepäck mit der nächsten Maschine nach Birmingham. Von Birmingham fahren Züge nach Brighton, in Brighton gibt's Hotels und Taxis, die in einer halben Stunde in Glyndbourne sind. Mühsam, aber es ist zu schaffen.

Abends, auf dem berühmten Pier von Brighton, der weit ins Meer ragt und von ferne noch fast schön aussieht, geraten wir von der Achse des Bösen geradewegs auf die Achse des Blöden: Spielautomaten, Krach, Billigfraß, Karussells, Autoscooter, Geisterbahn, die ganze grelldumme Unterhaltungsmaschinerie, die, sieht man sich die besoffenen oder missmutigen Gesichter an, niemanden glücklich macht.

Würde Oper diese Menschen erreichen?

Oder sind wir längst die Zweiklassengesellschaft: hier das einfache Volk mit seinen primitiven Genüssen, dort das gebildete Kulturvolk mit Oper, Theater, Konzert? Ist es mehr wert, Beethoven zu hören als Die Toten Hosen? Sehe ich, wie in Bayreuth die gesamte bayerische Regierung, Roberto Blanco und die Gottschalks anrollen, weiß ich, dass sich alles mischt. Aber sähe ich diese automatenspielenden, tätowierten und gepiercten Ballermann-Jünglinge vom Pier je in der Oper, zum Beispiel morgen in Glyndebourne?

Ich sehe sie dort nicht, schon weil sie kaum, wie wir, 160 englische Pfund für eine Karte bezahlen könnten, das sind salopp gerechnet 240 Euro. Aber heimlich frage ich mich doch, was sie an so einem Abend an Geld auf dem Pier in Brighton lassen – billig ist da auch nichts, es sieht nur so aus.

Oper ist gigantisch teuer. Und das trotz beeindruckender Sponsoren.

Warum Oper, wenn sie so teuer ist und wenn doch alle kein Geld haben?

Erstens haben sehr viele sehr viel Geld. Und zweitens: weil Oper eben auch so gigantisch wunderbar ist. Nichts erreicht uns mehr, kein Bild, kein Buch, keine Sonate. Oper, das ist das geballte Kraftwerk der Schönheit, der wundervollste Anachronismus, den es gibt, ein Orchester, eine Bühne voller Farben und Dekorationen, Sänger mit großen Stimmen, große Gefühle, alles, was uns zu Boden schlägt mit seiner Wucht, um uns dann wieder aufzubauen. Oper, das ist die ganz große, die letzte mögliche Liebe. Oper ist Leidenschaft, die nie verbrennt.

Musik hören, Bilder ansehen, Bücher lesen – das gehört zu unserer Kultur. Verwechseln wir nur ja nicht immer Wissen mit Bildung, die Pisa-Diskussion neigt dazu. Wissen kann ich mir im Internet, in Lexika, an jeder Ecke besorgen. Bildung wächst in uns von Kindheit an wie Wurzeln. Bildung, das ist Malerei, Musik, Literatur. Bildung ist das Sicheinlassen auf das unsichere Gelände der Kunst. Bildung ist Charakter. Und zur Bildung gehört die Oper, diese alte wunderbare Kunstform, die so schwer ums Überleben kämpft und an der immerzu gespart werden soll. Millionen fließen unter korrupten Kölner »Stadtvätern« in irgendwelche lukrativen Müllkanäle, aber bei der Oper müssen wir um jeden Pfennig kämpfen. Gäbe es nicht Sponsoren für die Kinderoper in Köln, ein weltweit einzigartiges Unternehmen, das seit nunmehr zehn Jahren Kindern Musik des 20. Jahrhunderts äußerst erfolgreich nahebringt, dann hätte der Kaiser keine Krone, der Tausendfüßler keine dreißig grünen Gummistiefel, die Königin keinen roten Samtmantel. Und die Kinder keine unvergessliche Aufführung, die ihr Leben prägt, so wie die Oper mein Leben für immer prägte, als ich ein Kind war. Die Jungens auf dem Ballermann-Pier von Brighton hatten diese Chance nie.

Festivals leben von Sponsoren. Es gibt eine Menge Geld, erwartet werden dafür eine Menge Aufführungen. Die Symbiose von Kunst und Geld ist nicht ehrenrührig. Beide Seiten haben etwas davon. Die Geldgeber werden namentlich in schönen Programmheften genannt, kriegen ein Kartenkontingent und sind dabei; die Kulturschaffenden aber können freier atmen, planen, spielen, man kann bessere Künstler engagieren. Gefährlich wird es erst, wenn der Sponsor dreinreden will und etwa verlangen würde, dass Anna Netrebko ein bisschen nackter wäre als in Mozarts züchtigem Salzburger *Figaro*.

Sponsorentum ist nicht die Rettung für die Kunst, aber eine große Hilfe; dennoch müssen öffentliche Mittel bleiben und müssen aufgestockt werden, wollen wir nicht in Provinztheatern und Operettentristesse in Bahnhofszelten versinken.

Und nun also Glyndebourne, was erwarten wir? Das, was wir zunächst auch sehen: ein altes, durch und durch vornehmes Herrenhaus in Sussex, seit Generationen im Familienbesitz der Auktionärsfamilie Christie. Ein Opernhaus, dezent auf die grüne Wiese gebaut. Schafe auf dieser grünen Wiese, die keine grüne Wiese ist, sondern eine klug angelegte englische Parklandschaft. Reiche Menschen in schönen Kleidern mit gut gefüllten Picknickkörben. Viel Alter, wenig Jugend. Und die bange Frage: Wird die Musik, wird die Oper Beiwerk zum Picknick sein, oder wird die Musik bestehen und sogar die Bombendrohungen und die Strapazen der Anreise vergessen lassen? Schafft sie das alles?

Ach, mühelos.

Händel, *Julius Cäsar* wird gespielt, *Giulio Cesare in Egitto*, fünf Stunden Musik, dazwischen anderthalb Stunden Picknick. Fünf Stunden Zauber und Glück, fünf Stunden große Musik ohne eine Sekunde der Über- oder Unterforderung. Dankbarkeit für so viel Schönheit. George Bush? Irgendwann vergessen für immer. Tony Blair? Jetzt schon vergessen. Julius Cäsar? Sein Reich ist auch untergegangen, wie das von Kleopatra. Händel? Er hatte keinen einzigen Soldaten, sagt Floros, und siehe da: Sein Reich besteht nach dreihundertfünfzig Jahren noch immer. Das Reich der Kunst, der Musik. Es ist das Einzige, was bleibt, davon bin ich fest überzeugt, das Einzige, was zählt, das Einzige, was uns retten kann in diesem Irrsinn an Brutalität, Machtgier, Dummheit, Intoleranz, Hässlichkeit, Billigkeit. Fünf Stunden grandiose Musik, kostbare Kostüme, großartige Stimmen, liebevolle Inszenierung, ein Fest für die armen geprügelten Sinne, reine Emphase. Jedes gnostische Kritikergemäkel verblasst. Wir haben uns angewöhnt, alles auseinanderzunehmen und zu zerlegen und misstrauisch zu beäugen und zu hinterfragen bis zum Gehtnichtmehr, und wir haben verlernt, zu fühlen, zu sehen, zu hören, zu genießen, unser Herz zu öffnen. Natürlich gibt es immer irgendwas auszusetzen. Na und. Das gibt es sogar am Geliebten, an der Geliebten. Deshalb stelle ich aber doch das Ganze nicht in Frage, deshalb schreibe ich nicht Kunstwerke, einzelne Aufführungen, ganze Opernhäuser oder Theater ewig mäkelnd in Grund und Boden aus reiner Lust am Fertigmachen.

Wer will denn ernsthaft bestreiten, dass man sich Kunstwerken durchaus intellektuell und analytisch nähern muss? Und doch reagieren wir als Zuschauer auch affektiv, da erreicht etwas ganz unmittelbar unser Gefühl. Die Italiener – neulich auf dem Verdi-Festival in Parma – lassen es raus. Wie ich jetzt gesehen habe: die Engländer auch. Nur in Deutschland sitzt der Halbgebildete und manchmal auch der Intellektuelle mit verkniffenem Mund auf dem Stuhl und fürchtet sich vor Hingabe – er könnte sich ja blamieren. Wer je gehört hat, mit welcher Begeisterung, Kraft, Inbrunst die Italiener in den sonntäglichen Messen singen, und wer sich dann an das verbissen-verschämte deutsche

Choralgeknödel erinnert, der weiß, was ich meine. Ich habe erbittert einen Abend lang gegen Floros' These »Die Deutschen können das nicht, die haben nicht diese elegante Leichtigkeit« gekämpft, aber ich strecke die Waffen: Er hat recht. Dieser lebensprühende Glyndebournesche Händel wäre in Deutschland nicht möglich. Wir würden die Nase rümpfen und Ernst verlangen, im Leipziger Gewandhaus steht's ja eingemeißelt auf der Wand: »Res severa verum gaudium« – die Sache muss ernst sein, nur das ist wahre Freude. Geschenkt.

In der deutschen Oper sitzen die Kenner, und die dulden keine Freude. Es muss zerquält sein. Wehe, neue Musik zeigt Tonalität, wehe, alte Musik wird nicht ganz ernst genommen. Das möchte ich bei uns mal sehen, dass Kleopatra zu Händel erotisch tanzt, dass Cäsar und Ptolemäus ein Ballett hinlegen, das den Eiertanz der Macht zeigt, zwei schwerbewaffnete Countertenöre girren in Menuettschritten umeinander herum, und es ist unsäglich komisch, tief bedrohlich und zugleich atemberaubend elegant und sinnlich. Und nie, nie zerstört es die Musik. Die Musik muss immer ernst genommen werden, das ist oberstes Gesetz in der Oper. In Glyndebourne weiß man das. In Deutschland könnte man es mal wieder lernen, dann wären die Opernhäuser nicht so leer. Aber hier regiert ja die Unsitte, Prominente aus Film und Fernsehen inszenieren zu lassen, die freimütig bekennen, ja, Theater interessiert mich schon irgendwie, aber von Oper hab ich im Grunde keine Ahnung. So sieht das dann auch aus. Zur Premiere strömt das Publikum noch, um den Prominenten zu sehen und lustvoll auszubuhen, bei der zweiten Vorstellung ist das Theater noch halb voll, bei der dritten ...

Ich schreibe mich in einen Zornesrausch. Ich wollte von Glyndebourne erzählen. Ich habe jetzt schon vergessen, wer inszeniert, wer gesungen hat. Die Namen sind nämlich nicht so wichtig wie das, was auf der Bühne passiert. Die Namen kann ich nachschlagen. Die Kraft, die von der Bühne kam, bleibt in mir. (Ich weiß nur noch, dass die schöne, verbissene Emmanuelle Haïm Händel dirigiert hat, mit den Fäusten, mit ganzem Körpereinsatz, seltsam, es klang aber besser, als es aussah.) *Julius Cäsar* ist kein allzu oft gespielter Händel, obwohl gerade Händel es in Deutschland noch gut hat gegen andere, fast vergessene Komponisten. Glyndebourne, einst angetreten als Mozarttheater, gräbt immer wieder Abseitiges aus. Auch das ist zu loben. In Köln, Bonn, Düsseldorf laufen gleichzeitig die *Fidelios*, *Cosìs*, *Barbieri*, als gäbe es auf so engem Raum nichts anderes, als wären Absprachen beim Bekannten nicht möglich, Ausgrabungen von Unbekanntem ehrenrührig. Köln bemüht sich wenigstens um die zeitgenössische Musik, vergibt sogar Kompositionsaufträge und muss sich von der lokalen Kritik dafür prügeln lassen. Ignorieren, weitermachen! Nur so kann es weitergehen mit der Oper, und auch in Glyndebourne folgte auf Händel am nächsten Tag immerhin Prokofjew, ein Klassiker der Moderne. Das Publikum: deutlich jünger. Das Stück: eine äußerst banale Posse, *Betrothal in a Monastery*, *Verlobung im Kloster*, blödsinnige Verwechslungsgeschichte, aber wie witzig auch hier die Aufführung! Wie viel Kraft in der Musik, wie viel Spielfreude auf der Bühne, wie viel Augenzwinkern über den dicken Fischhändler, der sich einbildet, das schöne junge Mädchen zu kriegen, das längst mit einem andern auf und davon ist!

Ich hatte mir die Oper zu Hause auf CD angehört und Schlimmes befürchtet. In Glyndebourne lebt sie – die Zuschauer lachen, reagieren, sind glücklich, es ist im großen Raum mit 1200 ausverkauften Plätzen eine herrlich ausgelassene Stimmung, wie es früher mal die Regel war bei Opernbesuchen. Natürlich war Oper zunächst eine Sache fürs Elitepublikum, aber gerade im Ursprungsland Italien wurde sie schnell zur Massenunterhaltung, man sang die Arien im Publikum mit, was gefiel, wurde wiederholt, »Da capo!«, wenn es nicht gefiel, warf man Kartoffeln und Tomaten auf die Bühne, die Knaben aus dem Chor fingen sich von der Primadonna schon mal eine Ohrfeige ein, wenn sie zu frech wurden – in alten Büchern kann man staunend über das sinnliche Vergnügen eines Opernbesuchs nachlesen, bis hin zu erotischen Abenteuern in den Logen. (Ach, wäre das schön!) So ist es nicht mehr, so muss es ja auch nicht mehr sein. In Glyndebourne tankt man in der langen Pause Leib und Seele auf, und auch nach der Vorführung, auch nach vier, fünf Stunden brechen nicht etwa alle sofort auf. Man sitzt noch immer, auf dem Rasen, an mitgebrachten Tischchen, auf Mäuerchen und Decken, trinkt den Rest Champagner und diskutiert über die Aufführung, und ich ernte Applaus, als ich Kleopatras Arie versuche: »Se pietà di me non senti, giusto ciel, io morirò!« Ja, rufen sie, war es nicht wunderbar? Es war wunderbar, und wir unten haben denen oben das gezeigt, immer wieder, und es kam als Funke zurück. So muss, so kann es sein in der Oper. Nur bei uns, da hat Floros recht, hat Genuss immer mit Verzicht, mit Schuldgefühl zu tun.

Zum Teufel mit all dem.

Vielleicht müssen wir einfach wieder lernen, uns dankbar und beglückt der Kunst, der Oper zuzuwenden und nicht alles zum Weihefestspiel zu gestalten. Hier das Erhabene und da das Triviale – muss man es derart trennen, dass es endet beim billigen Flachsinn des Piers in Brighton? Da waren viele, die auch ihren Spaß in der Oper gehabt hätten, aber vielleicht wissen sie nicht einmal, dass es so etwas gibt. In meiner wirklich großen Bekanntschaft, in meinem Freundeskreis finde ich kaum jemanden, der mit mir in die Oper geht. Und schaffe ich es doch, einen mitzunehmen, dann öffnet sich eine Tür, kommt ein Erstaunen: So schön? Das haben wir nicht gewusst! (Das ist so empörend wie der Satz: »Ich beneide Sie, ich komm gar nicht mehr zum Lesen.«)

Der Grundgedanke bei der Gründung der Oper in Glyndebourne war die Liebe eines Mannes zur Musik und zu seiner Frau, einer Sängerin. Er baute ihr und sich und ihren Freunden ein Haus, das im Laufe der Jahre immer größer, immer wichtiger wurde, er öffnete seinen Park für Musikliebhaber, er lässt bis heute – seit nunmehr 70 Jahren – in dritter Generation Wildfremde an seiner Liebe und Freude teilhaben. Wir können uns nur bedanken und verneigen. Der ganze Wahnsinn der Politik war am nächsten Morgen auf dem Londoner Flughafen wieder da: endlose Verspätungen, scharfe Kontrollen, blankliegende Nerven. Wir hatten einen Schatz in uns, den uns keiner nehmen konnte. Kraft, Ruhe, Dankbarkeit, Schönheit, Klang, Glück. Die Welt ist in keinem guten Zustand. Die Kunst ist es. Noch. Und gerade Musik versöhnt, bricht auf, heilt, irritiert, macht wach, macht durchlässig. Macht uns zu Menschen. »Nur musikalische Ekstase gibt mir das Gefühl der Unsterblichkeit«, schreibt der rumänische Philosoph E. M. Cioran. E. steht für Emile, M. für Mensch. Der Urgrund aller Musik, aller großen Kunst überhaupt ist die Sehnsucht nach dem Unerreichbaren – von dem österreichischen Komponisten Ernst Krenek stammt dieser schöne Gedanke. Das, wonach wir uns in unserm Leben und Lieben so unendlich weh sehnen, das gibt es nicht, wir wissen es ja. Aber diese Sehnsucht ist es, die uns weitertreibt, arbeiten lässt, suchen lässt, fühlen und Mensch sein lässt. Mit dem Kopf allein ist das alles nicht zu ertragen. Oper, sagt Manuel Brug, muss überwältigen. Musik ist weniger greifbar und mehr überwältigend, weil unmittelbarer als jede andere Kunst. Orpheus weckt die tote Eurydike und holt sie mit seiner Musik aus der Unterwelt zurück – der Urmythos, der erste Stoff der Oper. Und nicht mal Orpheus traut der Sache. Er dreht sich um, ob sie auch wirklich hinter ihm ist, und da ist sie weg für immer. Hätte er die Musik mal machen lassen! Die kann Tote wecken; am Jüngsten Tag, heißt es ja, werden es die Posaunen sein. Ich freu mich drauf, nur zu. Macht ordentlich Krach, übertönt das Gesäusel in Flugzeugen, Restaurants, Fahrstühlen, zeigt ihnen, was Musik *wirklich* ist. Lebensrettend. Aufrüttelnd. Kostbar.

Es müsste danach gestrebt werden, dass das Publikum seine Oper wieder liebt. Altes müsste bewahrt, Neues behutsam eingeführt werden. Keine Seichtheit, bewahre, kein bequemes Sichzurücklehnen, schon ein Fordern, aber mit Lust, Liebe, Leidenschaft. Ohne Interpretationswut und Seziererei. Ohne das Bedürfnis, *noch* schockierender zu sein. Nichts muss harmonisiert werden, aber Nacktheit, Blut, Sperma, Nazistiefel waren jetzt genug auf deutschen Bühnen zu erleiden. In Glyndebourne kann man besichtigen, wie es auch anders geht, ohne dass es seicht werden muss. Schwerer werden, leichter sein, sagt Paul Celan. Begreifen, welches Geschenk wir in der Musik, der Oper haben und das Geschenk liebevoll und zärtlich behandeln. Tausend Menschen lauschen im Dunkeln einer einzigen menschlichen Stimme und sind gerührt und einander dadurch verbunden. Sie geben sich hin, und Hingabe macht verwundbar. Und wo die Wunde ist, ist die Durchlässigkeit, »there's a crack in everything, that's how the light gets in«, singt Leonard Cohen. Die Stelle, an der das Lindenblatt liegt. Wo wir nicht verhornt sind. Da erreicht uns die Oper, zum Sterben schön.

Ich musste erst nach Glyndebourne fahren, um das endlich wieder ganz tief zu spüren. »Die Gesellschaft verzeiht oft dem Verbrecher, niemals aber dem Träumer. Die schönen, zweckfreien Stimmungen, die die Kunst in uns weckt, sind ihr verhasst.« Oscar Wilde hat das gesagt, und manchmal wird man den Eindruck nicht los, als wollten sich Politik und Kritik hierzulande der Träumer ein für allemal entledigen. Lächerlich machen, zu Tode sparen, absvervieren. Bücher retten mich, sie haben Worte für die Erfahrungen anderer. Musik definiert mein ganzes Leben, sie formuliert wortlos meine eigenen innersten Erfahrungen. Literatur besteht aus Sprache. Sprache ist Rhythmus. Musik, sagt Urs Widmer, ist Struktur gewordene Emotion. Musik ist der Traum, den ich vom Leben träume. Ich bin sehr wach, während ich träume.

Ich will nicht alles erklärt kriegen. Ich will nicht alles analysiert und aufgedröselt kriegen. Es gibt Erfahrungen, die will ich denken *und* fühlen. »Wenn mein Denken und Fühlen nicht bereichert wird, ist das doch wahnsinnig uninteressant«, sagte der scheidende Stuttgarter Opernintendant Klaus Zehelein kürzlich in einem Interview. Sein Theater war immer voll. Glyndebourne ist immer rappelvoll. Warum wohl? Weil man sich dort der Kunst sicher ist. Und das Publikum reagiert auf diese Sicherheit und kommt. Es kommt auch bei neuer Musik, die keine Angst vor Tonalität und Sinnlichkeit hat.

Es war wunderbar in Glyndebourne. Mein Kampfgeist ist enorm gestärkt.

*» Mir gefällt's nicht,
aber schön ist es doch ... «*
Bayreuther Festspiele 2007

Leider stand das Dümmste, was je über Bayreuth geschrieben wurde, ausgerechnet in der Sonntags-FAZ. Nein, es ist eben kein Ort von und für Roberto Blanco und den Gottschalkzirkus. Bei Premieren geht es doch fast immer nur ums Gesehenwerdenwollen – geschenkt. An allen anderen Tagen im Juli und August geht es auf dem Festspiegelhügel um die Musik von Richard Wagner, und das in einem der perfektesten Opernhäuser der Welt. Wer sich Kulturkritiker nennt, sollte sich dem nicht derart täppisch verweigern. Man muss Wagner ja nicht einmal mögen, aber man kommt nicht drum herum, dass keiner die Musik so dauerhaft und gründlich, so revolutionär verändert hat wie diese säkulare Erscheinung – nicht umsonst hat Verdi dreizehn lange Jahre unter einer depressiven Komponierhemmung gelitten, nachdem er Wagners Musik gehört hatte. Was sollte danach noch kommen? Wagner war der erste große Hollywoodstar, er brachte das Gesamtkunstwerk Ton-Bild-Sprache auf die Bühne. Der Meister war der Meister, aber die »Hohe Frau« (Toscanini nannte sie nur *»die Nase«*) war nicht unbedingt die Meisterin, und der Erbhof heute mit seinem grotesken Dynastiestreit ist geradezu absurd. Was bleibt, ist die Musik, ist der große pathetische Wurf: trotz aller inhaltlichen Fehler und Brüche von geradezu antiker Wucht. Was bleibt, sind die Inszenierungen, was bleibt, ist die unglaubliche Akustik dieses Hauses, was bleibt, ist die Frage, ob es so, wie es ist, bleiben soll.

Von einem guten Opernhaus muss man gute Akustik verlangen, das neugebaute La Fenice in Venedig hat eine fabelhafte Siemens-Anlage dafür, der Aalto-Bau in Essen ist ebenfalls ein Klangwunder. Was an Wagner so erstaunlich ist, das ist dieses Wissen um akustische Geheimnisse in der Mitte des 19. Jahrhunderts, ohne jede Elektronik. Grandios – aber das reißt uns heute nicht mehr von den Stühlen, wir sind Standard gewöhnt. Das Haus (»Scheune« genannt wegen einiger optischer Fachwerkelemente) ist viel eleganter und schöner, als man denkt, wenn auch der rumpelige Holzfußboden stört und klappert. Das Publikum ist größtenteils sachkundig, die Atmosphäre entspannt. Widersprüche bleiben; da versichern mir in Pausengesprächen Leute, sie kämen schon seit dreißig Jahren, andere haben zehn Jahre auf diese Karte gewartet, humpeln auf Krücken direkt nach einer Operation hin, nur um endlich dabei zu sein, und eine Nürnberger Hausfrau erklärt mir: »Wissen's, beim ersten Mal hab ich den Parsifal vom Schlingensief nicht gemocht, jetzt seh ich ihn im vierten Jahr und versteh ihn und mag ihn.«

Wie geht das zusammen? Mit den Karten wird ganz offensichtlich ein gigantischer Unfug getrieben, Herbert Rosendorfer erklärt in seinem köstlichen Buch *Bayreuth für Anfänger,* »dass man Karten nicht kaufen kann, man wird mit ihnen begnadet.« Schon der als Musikkritiker mehrfach angereiste G. B. Shaw hat geflucht, dass man sich zum Betreten eines so unkomfortablen Ortes mit derart harten Sitzen mühsam eine teure Erlaubnis erwirken müsse, dann aber, schreibt er, »spürt man sofort, dass man sich in dem vollkommensten Theater der Welt befindet, was Genussfähigkeit, Resonanz und konzentrierte Aufmerksamkeit betrifft. Eine innere Stimme sagt einem, dass man das Vorspiel zum ersten Mal so hört, wie es sein muss.«

Ja, und man muss kein Wagner-Fan sein, um das zu spüren. Es spielen und dirigieren die Besten. Wagners Opern erzählen große, fabelhafte Märchen von Liebe, Schmerz, Macht, Gier und Weltuntergang, sind bevölkert mit Lindwürmern, Göttern, Walküren, da ist ordentlich was los. Die Inszenierungen sind so unterschiedlich wie überall auf der Welt. Im letzten Jahr schrieb ich an dieser Stelle über die Festspiele in Glyndebourne und trat damit eine wochenlange Debatte über »Regietheater« los. Ich habe das Wort nie benutzt, weil es idiotisch ist: Ohne Regie kein Theater. Aber man wird sich ausbitten dürfen, dass in der Oper, in der die Musik vorrangig die Geschichten zu erzählen hat, die Regie nicht die Musik beschädigt. Und das passiert nicht in Bayreuth. Die Qualität ist unterschiedlich, aber die Musik wird nicht beschädigt, sie strahlt und ist präsent, sehen wir mal ab von einigen Knödelsängern, die das auch schon jahrelang machen und sich kaum noch anstrengen. (Sie werden übrigens durchaus ausgebuht.)

Schlingensiefs *Parsifal* ist ein großer Kindergeburtstag mit Osterhase, Weihnachtskrippe, Discokugel, römisch-griechischem Plattenbau, mit spanischer Ferienanlage und KZ-Andeutung, mit Projektionen, Schriften, Doppelgängern, wirren und guten Einfällen und allem, was konservativen Wagnerianern gar nicht gefallen kann. Aber die tragen ja auch bei über 30 Grad ihre Lodenjankerl und Nerzjäckchen, wozu also die Mühe. Sollen sie doch buhen, irgendwann hat sich's ausgebuht, und das Leben geht ohne sie weiter, die nächste Generation wächst schon viel offener heran und weiß, dass unser Leben genauso unerträglich überladen ist wie Schlingensiefs Bühne und dass die Suche nach Gral und Sinn immer schwerer wird. Bei Philippe Arlauds *Tannhäuser* kann man eine konventionelle Inszenierung sehen, die den Fördervereinen gut gefällt, aber das ist dann schon wie von Rosamunde Pilcher (grüne Wiese, Blümelein), und man macht am besten die Augen zu. Der sehr große junge Mann neben mir fragt höflich nach hinten: »Können Sie überhaupt sehen?« und bekommt zur Antwort: »Das muss ich nicht sehen, ich will bloß hören.«

Es ist ein fast normaler Opernbetrieb in einem wunderschönen Opernhaus, und nur der Zirkus drumherum macht Nüchternheit schwer. In der Pause ergeht man sich im Park, nicht ganz so schön wie in Glyndebourne, und man meidet besser das angeklatschte Restaurant, das übrigens nach der letzten Pause sofort dichtmacht – man hat keine andere Wahl, als sich mit allen Autos in stundenlangem Stau zu Tal zu bewegen, und würde so gern lieber vor Ort noch warten und ein letztes Glas in Ruhe trinken, wie in Glyndebourne – nein, deutsche Gastlichkeit schlägt hier besonders bösartig zu. Besser riskiert man Picknick auf dem heiligen Rasen, und ich liege einfach in der Wiese und lausche den Pausengesprächen auf den Bänken um mich herum. »Mir gefällt's gar nicht. Aber schön ist es doch.« – »Der Gurnemanz, was will der eigentlich?« – »Ist mir wurscht.« – »Warum ist jetzt dieser Parsifal zu diesem Dings, diesem Gral da, derart lange rumgeirrt?« – »Weil er ein Tor ist.« – »Ach so.«

Also, ganz normale Menschen mit ganz normalen Fragen, da ist nichts hehr und heilig, und die Frau aus Nürnberg erzählt mir, wie früher ganze Busse mit Familienmitgliedern der Angestellten hingekarrt wurden, damit es überhaupt voll wurde. Vielleicht hat das Prominentenblitzlichtgewitter erst durchs Fernsehen angefangen, und vielleicht schickt man solchen Leuten einfach mal *keine* Karten mehr zu Premieren, sondern lässt sie lange warten, damit sie sich selber welche kaufen, dafür dann allerdings nicht fotografiert werden ... Das würde schon helfen, das idiotische Bayreuth-Image zu reduzieren! Da wird gute Musik gemacht, nicht weniger, aber auch nicht viel mehr. Und weil man sechs Stunden sitzt, finden sich im Bayreuther Festspielangebot nicht nur Wagnerpralinen, Festspielzigarren, nein, auch Vorträge zum Thromboserisiko und Kaufanreiz für Kompressionsstrümpfe.

Jeden Vormittag gibt an den Spieltagen ein Herr Stefan Mickisch am Flügel Einführungsvorträge zum Stück am Abend. Es sind, sagte man mir, die »Festspiele für Kartenlose«, die kommen jeden Tag in Scharen, und sie werden nicht enttäuscht. Da sitzt einer, der sich auskennt, und er haut in die Tasten und erzählt beim Thema Erotik (Tristan und Isolde!) sogar von Reich-Ranicki und Sigrid Löffler, das muss man gehört haben! Er erklärt die einfachsten Dinge. Tannhäuser, sagt er, der heißt so, weil er im Tann haust, im Wald, nicht wahr, »des is ja eigentlich der Heinrich von Ofterdingen, ein Minnesänger«. Und er erklärt den Unterschied zwischen der erotisch aufgeladenen Pariser und der gereinigten Dresdner Fassung, die wir am Abend hören werden. Keine Kritik in keiner Zeitung bringt den Menschen, die interessiert sind, aber nicht alles in ihrem

Leben lernen durften und konnten, komplizierte Zusammenhänge so einfach nahe. Wer nach Mickischs Vortrag in einer Wagneroper sitzt, erkennt jedes Motiv, begreift Zusammenhänge, kann den ersten vom zweiten Pilgerchor unterscheiden und lernt noch so manches nebenbei: dass G-Dur die Tonart der Unschuld ist, B-Dur die Glaubenstonart, As-Dur steht für Liebesträume, C-Dur fürs Klare und Es-Dur wird feierlichen Urmythen zugeordnet, und Herr Mickisch prescht von Wagner zu Brahms, Bach, Haydn, Bruckner, um das alles zu beweisen, und es macht Spaß. Da ist mir die Kultur näher als bei dem Mann mit hochgezogenen Augenbrauen, der mich geistesverwandt wähnt und mir verschwörerisch zuraunt: »Was hier auf der Bühne passiert, ist ganz, ganz groß. Das ist absolut beachtlich.« Ja doch. Er meinte Parsifal. Aber in der Pause höre ich: »Dass der da mit der Wunde so lange rumlaufen kann, furchtbar.« – »Wenn ich Parsifal gewesen wäre, ich hätte auch nicht verstanden, was ich da soll.« – »Was will der Schlingensief denn nun sagen?« – »Das ist alles zwischen Schuld und Sühne.« – »Ach so.« – »Aber die Musik ist schön.« – »Ja, die Musik ist schön.« Oder, beim *Tannhäuser*: »Ich freu mich schon so auf den Abendstern.« – »Da musst du aber noch lange warten.« – »Dann trink ich jetzt noch was.«

Na bitte. Das Volk fühlt anders, es ist nicht sechs Stunden ununterbrochen ergriffen, es isst in den Pausen auch schon mal eine Wurst und grübelt. Schlingensief könnte darüber lachen, der hochgezogene Mann bestimmt nicht. Ach, die Menschen sind schon sehr verschieden, und die Festspiele auch. Aber wie warnt Kothner in den *Meistersingern*: »Der Kunst droht allweil Fall und Schmach / läuft sie der Gunst des Volkes nach.« Man muss nicht alles mögen, man muss nicht mal alles verstehen, mir fiel Jacques Lacan ein, der gesagt hat: »Es ist zu lehren, wie man *nicht* versteht.« Offene Stellen zulassen, Geheimnisse einfach hinnehmen, Blaubarts 7. Zimmer verschlossen lassen. Die Kunst ist und bleibt ein Rätsel und ein Wunder, aber ein lebensnotwendiges Wunder. Sie rettet uns, wenn alles unerträglich wird.

Sogar in Bayreuth.

Puccini für alle
Festival Torre del Lago 2008

Verdi in Parma und Verona, Rossini in Pesaro, Puccini in Torre del Lago – im Sommer feiert Italien seine Komponisten mit großen Festivals, eine Kulturindustrie für Tausende, in Arenen, die wie riesige Schiffswerften aussehen und Bühnenaufbauten haben wie die Rolling Stones. Torre del Lago: ein kleiner Ort an einem kleinen See, etwa in der Mitte zwischen Viareggio, Pisa, Lucca. Im Hintergrund die toskanischen Hügel, Puccinis strenges Haus am lieblichen Massaciuccoli-See, ach, ist das nicht die poetische, die romantische Gegend, in der einem Komponisten Arien wie »Nessun dorma«, »Vissi d'arte« oder »E lucevan le stelle« wie von selber kommen, wenn der Nebel auf dem See liegt und die Enten fliegen?

Falsch. Puccini lag wenig an der poetischen Schönheit, er war hier vor allem, um seiner geradezu martialischen Jagdleidenschaft zu frönen – in frühesten Morgenstunden schon feuerte er auf alles, was sich bewegte, und wenn die Schrotflinten leer waren, schoss er die letzten Vögel mit der Pistole vom Himmel. Zur Inspiration brauchte er diese Landschaft nicht. Hier konnte er mit Freunden sitzen und Karten spielen, trinken, am Stammtisch mit dem beziehungsreichen Namen »Club La Bohème« über die Weiber lästern und eben jagen, was man so jagen nennt.

Und dann setzte er sich – meist nachts und mit Hut! – an das Klavier im Salon und komponierte Unsterbliches, schuf Frauenfiguren, die stark und schön sind – Mimi, Tosca, Turandot, Butterfly, Manon Lescaut –, um dann selbst Frauen reihenweise geradezu zu vernaschen, umzulegen, immer brauchte er, seine Briefe sagen es ungeschönt, »una vagina fresca«, und zu Hause saß Gattin Elvira, matronenhaft, eifersüchtig, unglücklich.

Das alles ist wenig sympathisch. Das alles muss uns egal sein, wenn wir das Werk hören.

Es ist nicht einfach, zu den 54. Puccini-Festspielen im Jahr des 150. Geburtstags zu gelangen – Giacomo Puccini wurde im Dezember 1858 geboren. Zuerst fallen Flüge aus, wir buchen auf eine andere Linie um, aber der Anschlussflug nach Pisa ist weg, man landet spät nachts mit einem mühsam noch aufgetriebenen Mietwagen in Viareggio, wo ein Volksfest ist und man vierzig Minuten einen Parkplatz sucht, das Hotel bedauert, keine Plätze am Haus. Man hat den ersten Tag verloren. Den zweiten verbringt man mit der Suche nach dem unfassbar schlecht ausgeschilderten Torre del Lago Puccini, wie es heute heißt. Endlich ist man am See, darf Puccinis zum Museum umgestaltetes Haus besichtigen, das er von 1900 bis 1921 bewohnte. Aber nur alle vierzig Minuten wird das Tor für kleine Gruppen geöffnet, die Signora Simonetta Puccini, Enkelin und Erbin, führt ein strenges Regiment. Man sieht ein kleinbürgerlich überladenes, geschmackloses Ambiente, nichts von der Eleganz und dem Stil Verdis in Sant'Agata, ein Extrazimmer nur für Waffen und Jagdklamotten, das Klavier eher mickrig, die winzige Hauskapelle, in die der Sohn Antonio den 1924 gestorbenen Vater zwei Jahre nach dem

Tod aus Mailand überführen ließ, ein trostloser Ort, in dem Touristen in kurzen Hosen sich drängen und mit Handys fotografieren.

Seit diesem Jahr ist die Freiluftbühne ein paar Schritte daneben zu einem Freiluftfestspielhaus geworden, wie eine riesige Fußballarena, blau, modern, in die Landschaft geklotzt. 3340 Menschen passen Abend für Abend hinein, von Juli bis September, und 3340 kommen jeden Abend, das ist die gute Nachricht. Die schlechte: Sie kommen natürlich, wie auch wir, mit ihren Autos an diesen abgelegenen See, zu dem nur eine einzige Straße führt, die nicht mal für diese Abende wenigstens zur Einbahnstraße wird, nein, auch noch Gegenverkehr. Das bedeutet: eine Stunde Stau vorher, wirres Parken auf Wiesen, eine Stunde Stau nachher. In Torre del Lago zwei kleine Restaurants, da kann man essen, wenn man will, aber nicht einfach so sitzen und einen Wein oder *caffè* trinken, zwei Andenkenbuden. 3340 Menschen – nein, rechnen wir 60 ab, die in den Restaurants Platz gefunden haben, 3280 alte, mittelalte, junge Menschen stehen auf hohen Absätzen und in Abendgarderobe auf Schotter in der Sonne herum, ohne eine Möglichkeit, sich zu setzen, etwas zu trinken, auf eine Toilette zu gehen. Die Infrastruktur ist eine Katastrophe. Wenn man schon so etwas plant und baut, warum nicht dann auch einen Hauch Angebot drum herum? Unter den Bäumen ließen sich mühelos Bänke, Tische, eine kleine Außengastronomie aufbauen. Wir flüchten auf ein klappriges Boot, das »Cio Cio San« heißt, wie Puccinis eigenes Motorboot, und das für wenig Geld eine einstündige Rundfahrt auf dem See anbietet, und wir flüchten noch vor der Abfahrt wieder runter vom Boot, weil der Kapitän laute Schlagermusik donnern lässt und das nach Aussage auch so beibehalten will. Da sollte Signora Puccini vielleicht mal eingreifen.

Und endlich fängt es an, gegen halb zehn abends. Man sitzt unter tiefblauem Nachthimmel. *E lucevan le stelle*, die Sterne leuchten, der Mond steht tatsächlich am Himmel, die Bühne ist gigantisch, und die ersten Töne erklingen. Und es passiert das, was passiert ist, als bei der englischen Superstar-Suche der dicke Handyverkäufer Paul Potts mit den schiefen Zähnen sein »Nessun dorma« sang und Millionen zum Weinen brachte. Es war nicht Paul Potts, den hätten sie sonst ausgebuht. Es war Puccini, der sie ergriffen hat. Und hier in Torre del Lago ist aller Anreiseunmut mit dem ersten Ton weg: Puccini hat uns. Frauenheld? Jäger? War Goethe etwa sympathisch? Zählt es, was die Künstler treiben, oder zählt, was sie uns hinterlassen? Nur das. Puccini kriegt sie alle, diese 3340, jeden Abend, die seinetwegen kommen oder nur, damit in den Ferien mal was los ist, oder einfach aus Neugier – sie sind still, sie lauschen, sie sind ergriffen, sie explodieren nach den letzten Tönen, dankbar, angerührt. Etwa 50 000 jeden Sommer, seit 54 Jahren.

Wir auch. Wir hören an einem Abend *Tosca*, am anderen *Turandot* und sind entrückt und dankbar für das Geschenk der Schönheit dieser Musik in dieser Kulisse.

Und dabei sind die Sänger hier nicht einmal Weltklasse – das waren sie mal: Beniamino Gigli, Giuseppe Di Stefano, Domingo, Carreras, Pavarotti, Renata Scotto, Katia Ricciarelli haben hier gesungen, Mario Del Monaco beendete 1975 hier in Torre del Lago seine Karriere, Chailly, Sinopoli und Nello Santi haben hier dirigiert. Die Zeiten sind vorbei. Nicht alle Sänger schaffen es, die riesige Arena stimmlich zu füllen, aber das Orchester ist erstaunlich gut. Nur wenige Schritte weiter ist Puccinis Haus, da liegt er in seinem engen Grab, er, der sich 1924 vor der Abreise nach Brüssel zur Operation, an der er starb, gewünscht hatte: »Einmal in meinem Leben möchte ich gerne hierher kommen und eine meiner Opern unter freiem Himmel hören ...«

Er könnte sich freuen über das, was er hört. Die Inszenierungen sind relativ pompös, wie es eine so riesige Bühne auch braucht, die Musik ist grandios in dieser Kulisse, und im Laufe eines Sommers werden Tausende von Menschen an diese Musik herangeführt und staunen. Public viewing? Ja, public viewing, Eventcharakter, wie auch inzwischen in Salzburg und sogar in Bayreuth, und warum auch nicht. Warum sollen immer nur die großen Fußballereignisse oder Olympiaden ihre Arenen haben, warum nicht auch die Kunst, die sonst untergehende Kultur der Oper. Was hier passiert, ist nicht so elegant wie Glyndebourne, nicht so elitär wie Bayreuth, aber weitaus redlicher als eine Olympiade: Hier gibt es keinen Wettbewerb, hier kann man nicht dopen, hier wird, wie ungeschickt auch immer, ein Plädoyer für Musik gehalten, und es erreicht die Menschen. Wir haben alles demokratisiert, nun wird auch die Kunst massentauglich – natürlich gibt es dabei Qualitätsverlust. Aber wenn nicht mehr für elitäre 300, sondern für 3000 gespielt wird, hat die Oper eine Chance, zu überleben. Diese 3000 gehen dann vielleicht, teilweise, auch in ihren Heimatstädten in die Oper, weil sie ein schönes Erlebnis wiederholen wollen.

Wahrscheinlich ist das sehr naiv gedacht. Aber das

Beispiel Paul Potts hat uns gezeigt, dass das Bedürfnis da ist, angerührt zu werden. Sie wissen nicht, wer Puccini ist, und sie weinen, wenn sie ihn hören – Sieg auf der ganzen Linie für die Musik. Und das funktioniert auch in Torre del Lago. Puccini wollte keine schönen Nummern schreiben, leitet nach jedem vermutlichen »Hit« sofort über in die nächste Szene, schickt das Orchester ganz woanders hin – es hilft nichts, die Menge explodiert, klatscht, der Dirigent muss anhalten und neu einsetzen. Puccini macht es uns nicht ganz leicht, ihn zu lieben, aber wir tun es trotzdem. Dabei ist es ein gefährlicher Grat, auf dem das Puccini-Festival in Torre del Lago wandelt: Gerade bei Puccinis Opern, da sind sich alle Experten einig, ist die Inszenierung, die Interpretation äußerst wichtig, denn die Musik balanciert manchmal auf dem schmalen Grat zwischen Banalität und Genialität, zwischen Lehár und Verdi. Das kann in einer Arena schiefgehen. In Torre del Lago geht es nicht schief. Es wird mit tiefem Ernst musiziert, das Bühnengeschehen ist manchmal etwas bombastisch, aber nie kitschig. Die Massen sind bestens unterhalten und bekommen doch: Qualität. Mehr kann ein solches Festival kaum leisten.

»Che musica suona L'Italia, diamo un futuro alla musica!« las ich vergangenen Sommer an der heruntergekommenen Oper in Bologna, ein Transparent, das Studenten der nahen Universität angebracht hatten. Wir müssen der Musik eine Zukunft geben, wenn sie weiter eine Stimme sein soll, die uns leitet. Nicht ganz einfach in Berlusconis Italien. Aber in Torre del Lago funktioniert es. Und zurück funktioniert sogar der Flug.

Oper für Kinder

Als Kind habe ich meine erste Oper gehört – eine Oper für Erwachsene, *Die Zauberflöte*. Inzwischen ist viel Zeit vergangen, und ich gehe immer noch in die Oper, und nicht nur in die große Oper für Erwachsene. In den letzten elf Jahren habe ich viele hundert Stunden in der Kölner Kinderoper verbracht, mit Christian Schuller zwanzig Opern erarbeitet, und immer habe ich bei den Aufführungen die jungen Zuhörer beobachtet und mich gefragt, ob es ihnen wohl ähnlich gehen möge wie mir damals. Da kamen sie, die kleinen und großen Kinder, von den Eltern begleitet, die auf diese Weise oft auch zum ersten Mal ein Opernhaus betraten und die Berührungsangst und Unsicherheit verloren; steigende Besucher – und Abonnentenzahlen – im großen Haus sprechen hier eine ganz eindeutige Sprache. Die Kölner Kinderoper in der Yakult Halle, so benannt nach einem großzügigen japanischen Sponsor, entstand auf Anregung des früheren Intendanten Günter Krämer 1996 im oberen Foyer der Oper. Der New Yorker Künstler Mark Beard konzipierte den Raum mit seinen Säulen, der prächtigen Treppe und dem Fries aus Tierköpfen. Die Kinderoper hat 130 Plätze und spielt rund hundertmal pro Jahr, im Repertoire sind jeweils mehrere Stücke. Bis auf Richard Wagners erste Oper *Die Feen* führten wir durchweg

Opern des 20. und 21. Jahrhunderts auf. Viel Vergessenes wurde ausgegraben, oft zum ersten Mal übersetzt oder so bearbeitet, dass die Aufführung nicht länger als eine Stunde dauerte. Die Erfahrung hat gezeigt, dass die kleinen Zuschauer mit einer längeren Aufführungsdauer überfordert sind.

Auf der Bühne stehen professionelle Sänger und Sängerinnen des Opernensembles und junge Sänger des Opernstudios. Das – natürlich reduzierte – Orchester spielt in der Regel hinter der Bühne, das Orchesterpodest bietet Platz für maximal achtzehn Musiker. Über Monitore bekommen die Sänger ihre Einsätze.

Alle Inszenierungen waren farbenprächtig, phantasievoll und mit wunderbaren Kostümen und Bühnenbildern ausgestattet. Und jedes Mal hat die Arbeit in der Kinderoper allen Beteiligten großen Spaß gemacht. Wir haben skurrile und melancholische Opern gespielt, Märchenhaftes und Orientalisches, Bekanntes und Unbekanntes, und an alles wurde ein hoher ästhetischer Maßstab gelegt. Zwei Inszenierungen – *Rotkäppchen* und *Marouf, der Schuster von Kairo* besorgte Eike Ecker, alle anderen Inszenierungen stammen vom Kölner Oberspielleiter Christian Schuller: Oft musste er die Stücke kürzen, straffen, neu gliedern; manchmal musste ein Werk erst übersetzt werden, und ich versuchte dann mit Hilfe des Klavierauszugs, den deutschen Text in den richtigen Rhythmus zu bringen.

Die Mühe, die Liebe, das Engagement, die Arbeit sind für die Kinderoper genauso intensiv wie für die große Oper. Kinderoper ist nicht »klein«; nur im Sujet, in der Geschichte, die erzählt wird, ist sie dem Niveau der kindlichen Erfahrungswelt einigermaßen angepasst. Musikalisch wurden niemals Konzessionen gemacht, und es zeigte sich immer, dass die jungen Zuhörer nicht die geringsten Schwierigkeiten mit der Aufnahme moderner Musik hatten.

Die Arbeit der Kölner Kinderoper seit 1996 zeigt, wie ein Weg aussehen kann, Kinder an die Oper heranzuführen, damit diese Kunstform auch in Zukunft ihr Publikum findet. Das hier ist ein Weg, es war unser Weg – bei uns hieß Kinderoper nicht: Oper *mit* Kindern, sondern Oper *für* Kinder. Oper ist und war immer die künstlerische Antwort auf unsere Fragen, Probleme und Hoffnungen. Glück und Sehnsucht nach mehr – das wollten wir in die Herzen der jungen Zuschauer und Zuhörer pflanzen. Soweit ich das beurteilen kann, ist es uns gelungen – mit dem »geheimen Königreich« der Oper.

Oper ist Aufruhr
Noch eine Liebeserklärung

Mitte der 50er Jahre, ich war dreizehn Jahre alt, habe ich meine erste Oper gehört. Das war in Essen, nicht lange nach dem Krieg, der die Städte und die Eltern zerstört hatte. Die Väter waren an Leib und Seele beschädigt aus Russland, Frankreich, Italien zurückgekommen, die Mütter hatten in den Bombennächten Zärtlichkeit verlernt, Schönheit galt nichts, Poesie war unbekannt, das Zauberwort hieß Wiederaufbau. Wir im Krieg gezeugten und geborenen, höchst überflüssigen Kinder hatten unsere Schulaufgaben zu machen und ansonsten den Mund zu halten. Eine Seele, eine Sehnsucht, eine eigene Meinung wurde uns nicht zugestanden, nicht zuletzt darum sind wir dann 1968, mit Mitte zwanzig, so entschieden explodiert.

Wie hätte ich damals in Essen wissen sollen, was eine Oper ist? Für so etwas war kein Geld da. Ich hatte Akkordeonunterricht bei einem alten Nazi, der mir Marschmusik wie »Alte Kameraden« oder das »Horst-Wessel-Lied« beibrachte. Weihnachten musste ich das den Vätern, Onkeln, Großvätern vorspielen, und dann redeten sie von Polen und ihren entsetzlichen Abenteuern. Ich besorgte mir andere Noten und spielte »Am Dorfbrunnen« oder den »Evchen-Walzer«. Das eine war so trivial wie das andere, aber wenigstens hörten hier die Männer nicht zu, sondern die Mütter und Tanten wurden für wenige Momente weich und gerührt.

Und dann nahm mich eine Freundin mit in die Oper.

Das war der Tag, an dem eine lebenslange Liebe begann, und kein noch so vernünftiges Argument gegen die Oper, diese unvernünftigste aller Künste, kann meinen Kopf erreichen. Die Oper erreicht nur mein Herz, und das Herz diskutiert nicht.

Es war *Die Zauberflöte*. Natürlich habe ich damals den tieferen Sinn der Geschichte nicht verstanden. Ich glaube, ich habe auch die meisten Texte nicht verstanden, denn das muss man ja erst lernen – auf Worte zu hören, die gesungen werden und zu denen ein Orchester – sehr laut – spielt. Ich hatte noch nie eine Koloratur gehört, aber ich habe sofort gefühlt, was das ist: sinnlicher Überfluss, Verschwendung, Tanz mit Tönen. Und ich war schon bei der Ouvertüre wie verwandelt. Ich hörte hier zum ersten Mal Musik im Dunkeln, in diesem Saal, in diesem Augenblick für mich gespielt – was für ein unbeschreiblicher Luxus! Dann öffnete sich der Vorhang, ein Mann kam und sang: »Zu Hilfe, zu Hilfe, sonst bin ich verloren!«, das war genau der Schrei, der schon so lange in mir steckte, und so etwas kann man nicht einfach aussprechen, man muss es wohl singen. Zu Hilfe, zu Hilfe, sonst bin ich verloren! Die Oper kam mir zu Hilfe, darum war ich damals, in dieser Zeit mit diesen Eltern, in dieser Stadt, eben nicht mehr verloren.

Und dann lief das Märchen ab, alles war unwirklich und war doch genau das, wonach ich mich immer gesehnt hatte: Poesie, Geheimnis, Rätsel, Liebe, Schönheit, Anmut, starke optische und akustische Eindrücke, Erschütterung. Ich habe die ganze Zeit geweint, nicht weil es so traurig gewesen wäre, sondern weil ich so erschüttert war. Kurz nach diesem Opernbesuch habe ich mich zum ersten Mal verliebt, es war, als hätte sich mein Herz geöffnet. Nach diesem Opernbesuch begann das Verhältnis zu den Eltern zu bröckeln, schlechter zu werden, denn ich wollte nicht mehr, dass ihre Welt meine Welt war. Ich hatte etwas anderes gesehen und war für immer die verlorene Tochter der Königin der Nacht. In dieser Zeit las ich auch das Buch, das für immer mein Lieblingsbuch bleiben sollte: *Das Herz ist ein einsamer Jäger* von Carson McCullers. Darin gibt es ein Mädchen namens Mick, das genauso auf der Suche nach Ruhe und Schönheit, nach einem Platz außerhalb von Familie, Krach, Geschrei ist, wie auch ich es damals im zerstörten Essen war. Mick schleicht sich abends in die reicheren Stadtteile, setzt sich unter die offenen Fenster und lauscht der Musik, die aus den Radios kommt: »Einige Melodien waren irgendwie schnell und wie Glöckchen, und eine andere war so, wie es in einem Frühling nach dem Regen duftet. Aber alle diese Melodien machten sie gleichzeitig irgendwie traurig und erregt. Sie summte eine der Melodien, und ihr kamen die Tränen. Die Kehle wurde ihr eng und rauh, sie konnte nicht weitersingen. Rasch schrieb sie den Namen des Mannes ganz oben auf ihre Liste: Motsart.«

Auch für mich war er der Initiator: Mozart. Ich hatte, im Gegensatz zu Mick, ein Programmheft, da stand sein Name richtig geschrieben, da wurde mir die Geschichte von Tamino und Pamina erklärt. Mick musste später im Leben alle Träume begraben, so wie alle Figuren in diesem traurigen Buch, das eine dreiundzwanzigjährige, bis dahin unbekannte Autorin geschrieben hatte, die damit Weltruhm erlangte. Ich hatte mehr Chancen als Mick, und eine meiner Chancen ist und war von Anfang an die Oper, die mir geholfen hat, weiterzuträumen und mich nicht nur mit Realität, mit dem, was schlüssig ist, mit Erklärungen abspeisen zu lassen. Diese erste »Zauberflöte« hat mein ganzes Leben verändert.

Das ist mehr als fünfzig Jahre her, aber es wirkt noch immer. Seitdem habe ich, wann immer ich Geld, Zeit, Gelegenheit hatte, die Oper besucht, in jeder Stadt, wirklich wahllos, ich suche mir weder die Komponisten und ihre Jahrhunderte, weder die Dirigenten noch die Sänger noch die Stücke aus. Ich habe natürlich Lieblingsopern, in die ich immer und immer wieder gehe, und es gibt Komponisten, mit denen ich seit Jahren ringe, aber ich lasse niemals locker. Ich habe hinreißende und grauenhafte Inszenierungen gesehen, weltberühmte und gänzlich unbekannte Sänger, brillante und lahme Orchester gehört – der Zauber wirkt immer: Mein Herz öffnet sich, Schmerz, Liebe, Tod bekommen einen anderen Stellenwert, in der Oper ist alles möglich, weil alles unmöglich ist. Hier gelten andere Maßstäbe. Alle gelernten Regeln treten außer Kraft.

Die Oper ist ein Missverständnis, an Fürstenhöfen aus der Nachahmung antiker Tragödien entstanden und dann bis in die Bürgersäle gewandert. Da sitzen wir nun, und in zwei, drei Stunden werden uns Geschichten von Nibelungen, Kleopatra, Don Giovanni, von Macbeth, Faust oder dem Meister und Margarita erzählt. Erzählt? Sie werden gesungen! *Don Giovanni* serviert uns in den ersten Minuten Vergewaltigung und Mord, und dazu wird gesungen! Oder nehmen wir Verdis *La Traviata*: der Text ist italienisch, es singen Kanadier, Koreaner, Deutsche in einer ihnen fremden Sprache, man versteht kein Wort. Die Sänger haben selten gelernt, sich auf einer Bühne so zu bewegen wie Schauspieler, und doch müssen sie spielen. Violetta ist ziemlich korpulent, und mit dieser Figur singt sie vom Tod an der Schwindsucht. Wer soll das alles glauben?

Die Oper ist keine Sache von Glauben. An diesem Kunstwerk endet alle Logik. Die Oper ist ein Widerspruch in sich, das kann gar nicht funktionieren, was da allabendlich passiert – und doch, wie wunderbar, es ist wie mit der Hummel, die aerodynamisch gesehen ja auch nicht fliegen kann, aber weil sie es nicht weiß, fliegt sie trotzdem. Alles Nachdenken über die Oper, alles feinsinnige Analysieren kommt schließlich auf dasselbe hinaus: Auf die Oper muss man sich einlassen, die Oper darf man nicht an der Wirklichkeit messen. Sie ist Einbildung, Illusion, ganz und gar: eine zusammenhängende Musik, die keine wirklich zusammenhängende Musik ist, sondern zerfällt in Ouvertüren, Arien, Zwischenspiele, Rezitative; eine Handlung, in der Hochdramatisches auf den kürzesten Zeitraum zusammengedrängt wird; eine Sprache, die noch im gelungensten Fall immer hinter der Musik zurückbleibt und oft lächerlich ist, denn die Wörter müssen sich nach der Musik richten, und die Musik gewinnt immer – darum hat die italienische Oper, die von der Musik ausgeht, die französische besiegt, die vom Text her konzipiert wurde. Die Dekoration ist falsch, der Ballsaal ist bemalte Pappe, der Sekt in den Gläsern ist so unecht wie Violettas Kamelie, ihr Tod ist vorgetäuscht. Menschen, die sich doch sagen könnten, dass sie sich lieben, singen sich an – lächerlich.

Dass es eben nicht lächerlich ist, das macht die Musik. Orpheus hat eine Tote ins Leben zurückgeholt – mit seiner

Musik. Fast, denn er hat ja seiner eigenen Kunst nicht getraut und sich nach Eurydike umgesehen und sie deshalb wieder verloren. Da ist er wieder, der Baum der Erkenntnis: Wir wollen alles wissen und erklären, ja, und dann ist das Paradies dahin, die alte Geschichte. An der Oper will ich einfach nicht zu viel herumerklären. Ich will sie in mich aufnehmen, ich will mich ihr ausliefern, ich will, dass sie sich für mich verschwendet. Natürlich hatte Johann Christoph Gottsched recht: Die Oper ist das ungereimteste Werk, das der Verstand sich je ausgedacht hat. Aber Gottsched wollte eine Kunst, die mit vernünftigen Prinzipien danach trachtet, den Menschen moralisch zu bessern. Die Oper bessert nicht, sie befreit. Und Befreiung ist immer Aufruhr, ist immer auch revolutionär. Für mich ist die Oper nicht die verstaubteste Kunstform, wie uns so viele Opernverächter einreden wollen, sondern die modernste. Hier wird das Aberwitzige auf die Spitze getrieben und die Leidenschaft wird angefacht. Die wilde Ungereimtheit der Oper ist kühn und verführt zur Kühnheit. Endlich lässt sich einmal nicht alles erklären und zergliedern, endlich sehe ich wieder mit ganzer Wucht, was das ist: ein Mensch und seine ihn herumwirbelnden Gefühle. Oper ist Aufruhr.

Keine Kunst erreicht uns so unmittelbar und direkt wie die Musik, und dass die meisten Opernfiguren anachronistische Gespenster sind – na und? Geht es im Leben immer nach begreifbaren psychologischen Regeln zu? Leben und Liebe, diese ewigen Baustellen, spiegelt die Oper im Brennglas wider. Die Oper ist der Traum, den wir vom Leben träumen, hier lassen wir Illusionen zu, sinnliche Nähe, die Verschwendung von Gefühlen. Hier endlich. Es ist schön, weil es unmöglich ist. Und auf das Unmögliche muss man sich einlassen. Wer dazu nicht bereit ist, wird die Oper nicht begreifen, denn zu begreifen ist sie nicht. Ihren Mythos muss man bis in die Knochen fühlen, noch in der jämmerlichsten Inszenierung, denn nur in den seltensten Fällen bilden Sichtbarkeit und Hörbarkeit der Oper eine harmonische Einheit. Dann ist das Glücksgefühl des Zuhörenden, des Zuschauenden unbeschreiblich.

Ich messe die Oper nicht mit dem Verstand, ich kann das nicht. Ich kann Einzelheiten kritisieren, ich leide, wenn wieder mal einer nicht begreift, welche emotionale Sprengkraft im *Fidelio* steckt, und bloß ein langweiliges Kerkerdrama herunterinszeniert, aber ich bin sofort bereit, Don Giovanni als mordenden Wüstling in die Bronx zu versetzen. Wie auch immer eine Oper inszeniert wird: Ich lasse mich auf das Angebot ein, finde es am Ende akzeptabel oder nicht, aber immer, immer kapituliere ich letztlich vor der Intensität, vor der Kraft, vor der Irrationalität der Töne, die ich mit meinem Kopf einfach nicht fassen kann. Sie über-wältigen mich, und von dieser Gewalt bleibt nach jedem Opernbesuch etwas als Kraft in mir zurück.

Die Oper ist ein Experiment, das schon vier Jahrhunderte andauert. Sie wurde oft totgesagt, sie hat sich immer wieder gewandelt und verändert. Ihr Geheimnis ist nicht zu entschlüsseln. Und ihr Geheimnis hat auch mit dem Besuch des Opernhauses zu tun. Ich kann mir zu Hause bequem eine akustisch bessere CD auflegen, ich muss mich dazu nicht umziehen, keinen Parkplatz suchen, nicht neben hustenden Nachbarn sitzen. (Bitte: *Alle* Opernhäuser sollten endlich an allen Eingängen große Körbe mit knisterfreien Hustenbonbons aufstellen, wie es die Kölner Philharmonie erfolgreich macht.) Ich kann großartige

Operninszenierungen im Fernsehen sehen und hören – es wird nie dasselbe sein wie der Moment im dunklen Raum, in dem der erste Ton erklingt, in dem mir die Ouvertüre die Geschichte erzählt, die Melodien andeutet, die ich gleich als Arien wiederhören werde. Warum wirkt das so intensiv? Weil wir es brauchen. Weil es keinen anderen Ort mehr gibt, der uns so körperlos und schwerelos sein lässt, der uns für einen Moment die eigene Geschichte derart gründlich abnimmt und eine andere erzählt.

Reich mir die Hand, mein Leben. Ja, immer. Die Oper, dieses *beau monstre,* dieses schöne Monster ist das legendäre Einhorn. Wir haben es nie gesehen, aber wir wissen, es ist da als Symbol unserer Sehnsucht. In der Oper ist nichts wahr, aber alles ist wahrhaftig, und weil die Oper im Grunde unmöglich ist, darum ist sie so unverzichtbar schön.

Teil II

Über Musik und Musiker

Mozart

In der großen Mozart-Ausstellung in der Albertina in Wien sieht man als Erstes ein Krokodil mit Allongeperücke. Und darunter das berühmte Zitat von Nikolaus Harnoncourt: »Und da standen die Eltern plötzlich vor einem Krokodil.« Man kann es nicht besser erklären. Da setzen sie ein vierjähriges Knäblein auf mehrere Kissen an ein Klavier, und es legt los und spielt und komponiert, als hätte es nie etwas anderes getan, fremd wie ein Krokodil.

Das Mozartkrokodil ist weltberühmt geworden, und noch immer begreifen wir dieses Talent nicht, das Überbordende, das Umfassende, diese Sprache, die jeden Menschen auf der Welt erreicht, jeden ins Herz trifft. Es klingt so leicht – und ist so schwer, jeder, der Mozart zu spielen versucht hat, weiß das. Das B-Dur-Klavierkonzert … da saust es nach h-moll, dann nach C-Dur, immer schneller, es-moll, D-Dur, Fis-Dur, d-moll, F-Dur, hui, das Krokodil prescht durch alle Tonarten und schlägt Volten, und es klingt, als flögen da nur ein paar Töne, gerade, schnörkellos, klar, ach, Mozart, wie hast du das gemacht, du Krokodil. Und die Legenden, die sich um so einen ranken – er war nicht so arm, wie man sagt. Er hat's halt mit vollen Händen rausgeworfen. Er war nicht so schön wie auf den Mozartkugeln, kein charmanter Götterjüngling, er war nur knapp einsfünfzig groß, hatte kurzsichtige Glubschaugen und ein frühes Doppelkinn, Pockennarben, »immer bleich war er«, sagt seine Schwester, ja wie denn auch anders bei diesem verzehrenden Leben. Die Hände keine zarten Künstlerfinger, fleischig, sagt der Arzt Joseph Frank, aber nein, entgegnet Konstanze, schön geformt seien die Hände gewesen, wie von einer Frau. Das Haar blond und fein, ach, der leichte Silberblick, und die große Nase, »enorm benast« sei er, schrieb eine Zeitung, und im Dezember 1777 soll er für kurze Zeit einen Bart getragen haben, können wir uns das vorstellen?

Rüde Sprache, mäßige Manieren, das Krokodil war nur am Klavier ein Gott. Ist er ermordet worden? Aus Neid, aus Eifersucht? Oder doch an der Syphilis gestorben, an einer Überdosis Medizin dagegen? Rasant sein Leben – nur 35 Jahre, 10 Monate, 9 Tage hat es gedauert, davon war er 10 Jahre, 2 Monate und 8 Tage auf Reisen, ein Drittel seines kurzen Lebens. »Lief ich zu rasch meines Wegs?«, fragt Nietzsche in seinem Gedicht. Welche Wahl hätte es denn gehabt, das Mozartkrokodil ...

Unterwegs in schlecht gepolsterten Postkutschen, die nur 15 Stundenkilometer leisten konnten, bei Unwetter, Kälte, Hitze, es gab Achsenbrüche, Aufenthalte, er hielt die Hände unter das schmerzende Gesäß und komponierte im Kopf, und wenn er irgendwo ankam, in einem Gasthof, schrieb er rasch die Noten auf, die ihm unterwegs eingefallen waren. Er war elegant, er mochte schon als Kind schöne Garderobe, Kniehosen, Schuhe mit Silberschnallen, blaue oder rote Fräckchen mit Perlmuttknöpfen, spitzenbesetzte Hemden. Apfelgrüne und kirschrote Röcke mit himmelblauem Seidenfutter ließ er später anfertigen, silbern die Knöpfe, »Schön wie die Engel waren wir«, schrieb der stolze Vater nach Salzburg.

Ach, und seine Musik. Er war nicht der Komponist idealer Welten, er war ganz hier, er komponierte menschliche Wahrheit und Wirklichkeit. Keine Grimassen am Klavier, kein Gehampel, kein Gefuchtel mit Armen und Händen, ruhig und mit leichtem Handgelenk soll er gespielt haben, alles Affektierte war ihm Greuel. Er war ganz bei sich, und das in einer Zeit, in der man bei Hofe viele sein musste. Er war er selbst. Und doch: Mozart ist immer viele, er vereinigt mehrere Persönlichkeiten in sich, er trägt, sagt Ferruccio Busoni, alle Charaktere in sich, und er wäre, sagt Herbert Lachmayer, 100 Jahre später wahrscheinlich schizophren genannt worden.

Goethe ist ihm begegnet. Goethe war etwa 14 Jahre alt, Mozart sieben, Goethe erinnert sich an einen ernsten kleinen Mann mit Degen. Viele Jahrzehnte später, im Dezember 1829, steht diese Äußerung Goethes in den Gesprächen mit Eckermann:

»Wenn man alt ist, denkt man über die weltlichen Dinge anders, als da man jung war. So kann ich mich des Gedankens nicht erwehren, dass die Dämonen, um die Menschheit zu necken und zum besten zu haben, mitunter einzelne Figuren hinstellen, die so anlockend sind, dass jeder nach ihnen strebt, und so groß, dass niemand sie erreicht. So stellten sie den Raffael hin, bei dem Denken und Tun gleich vollkommen war; einzelne treffliche Nachkommen haben sich ihm genähert, aber erreicht hat ihn niemand. So stellten sie den Mozart hin, als etwas Unerreichbares in der Musik. Und so in der Poesie Shakespeare.«

Und weiter schreibt Goethe:

»Meine Sachen können nicht popular werden; wer daran denkt und dafür strebt, ist in einem Irrtum. Sie sind nicht für die Masse geschrieben, sondern nur für einzelne Menschen, die etwas ähnliches wollen und suchen und die in ähnlichen Richtungen begriffen sind. Und, recht besehen, ist es nicht mit allen außerordentlichen Dingen so? Ist denn Mozart popular? Und ist es denn Raffael? – Und verhält sich nicht die Welt gegen so große Quellen überschwenglichen geistigen Lebens überall nur wie Naschende, die froh sind, hin und wieder ein Weniges zu erhaschen, das ihnen eine Weile eine höhere Nahrung gewähre?«

Hans Werner Henze schrieb 1960 für ein Programmheft der Hamburger Staatsoper einen Text über Mozart, darin sagt er:

»Ein Gedanke an Mozart: Kann man das Unbegreifliche mit Worten berühren? Muss nicht alles Reden verstummen vor diesem höchsten und erhabenen Klang, der ein Etwas hat, das sich in dem Maße verflüchtigt und zurückzieht, wie man glaubt, sich ihm zu nähern?

Da gibt es nichts zu deuten, nichts zu erklären, und es scheint selbst schwierig, überhaupt zu beschreiben, worin dieser einfachste und anspruchsvollste Charme beruht, der die Welt nun schon seit zwei Jahrhunderten verzaubert.

Der herabgestiegene Gott. Apoll. Hier ist die Reinheit, das Geglückte. Hier ist die reine Begeisterung des Geistes, die Überwindung der Schwerkraft. Nichts Revolutionäres: alles Vorhandene wurde mit leichter Hand entfremdet und erhöht. In seinem zeitlich so begrenzten Aufenthalt auf dieser Erde hat er die steifen zerebralen Mechanismen, die Sprachmittel seiner Epoche, bis zum

Zerbrechen gespannt und ihrem Ende nahegebracht, mit den feinsten, herbsten, tiefsten und höchsten Klängen, die ein menschliches Ohr vernommen hat, dem Leichtesten und Schwermütigsten – (…) es ist der Triumph der Schönheit über das Unzulängliche, (…) und vielleicht ist es gerade deswegen, dass so viel Freude sich ausbreitet, weil diese Musik gegen das Sterbliche so ganz abgeschirmt, weil sie die Entrückung selbst ist.«

Leonard Bernstein

Was für ein schöner Mann! Schön wie alle, die brennen und leuchten und voller Begeisterung für etwas leben, für eine Idee, eine Sache, eine Mission. Seine war die Musik. 1970 hat er in Tanglewood vor Studenten über den Dirigenten Serge Koussevitzky gesprochen, dessen Assistent er anfangs war, und er sagte: »Ich habe keine Ahnung, ob ich auch nur eine Idee von dem vermitteln kann, was uns damals erfüllte, eine Idee von dem, was Koussevitzky damals für die Musikwelt bedeutete, welcher Glanz von ihm ausging, was es hieß, in seiner Nähe sein zu dürfen. Er war ein Mensch, der von Musik besessen war, von dem die Gedanken und Ideale der Musik Besitz ergriffen hatten und dessen Besessenheit auf einen wie mit kosmischen Strahlen eindrang, ganz gleich, ob er auf dem Konzertpodium stand, in einem Wohnzimmer oder hinter einem Vortragspult wie diesem.«

Genau das kann man auch über Leonard Bernstein sagen: Wenn er einen Raum betrat, egal, ob privat oder öffentlich, war niemand anders mehr wichtig. Er war der Mittelpunkt, und von ihm ging ein Strahlen aus, das alle Anwesenden glücklich machte. Leonard Bernstein war ein glücklicher Mensch, mit allen Tiefs, mit den schweren depressiven Schüben, die zu so viel Kreativität wohl immer dazugehören, und er verbreitete Glück. Er liebte Menschen und er behandelte sie gut, nie gab er den Maestro – er sah einem direkt ins Gesicht, umarmte, fasste an, war nah, warm, war da. Für das Buch *Credo*, ein Buch mit »Glaubens-Bekenntnissen«, das Eleanor Roosevelt 1954 herausgab, hatte er geschrieben: »Ich glaube an den Menschen. Ich empfinde, liebe, brauche und schätze den Menschen mehr als alles andere, mehr als Kunst, als Naturschönheiten, als organisierte Frömmigkeit oder nationalistische Bündnisgebilde.«

Also: zuerst der Mensch, dann die Kunst. In seinem Fall: die Musik, und das eine war ohne das andere gar nicht denkbar. Musik, das war für ihn vor allem: nie endende Schönheit. Diese Schönheit hatte er an sich.

Ich war sofort in ihn verliebt, wie denn auch nicht! Es war 1981, er war 63 Jahre alt und ich 37, wir bekamen in Berlin beide eine Goldene Kamera und tranken zu viel und hakten uns unter, um uns zu stützen, und ich erzählte ihm mit rotgeheulten Augen, dass genau an diesem Tag meine Katze überfahren worden war. Wir tranken auf die Katze und redeten über Rossinis *Duetto buffo di due gatti*, miauten ein bisschen, und ich konnte wieder lachen.

Während ich dies schreibe, höre ich Mozarts Klavierkonzert Nr. 15, er spielt Klavier und dirigiert vom Klavier aus die Wiener Philharmoniker. Von 1966 ist die Aufnahme, da war er Mitte vierzig, und ich gäbe was darum, könnte ich ihn jetzt anrufen oder ihm schreiben und einfach nur sagen: Danke. Danke für so viel Zartheit, Transparenz, Schönheit, für dieses Geschenk. Ich glaube, gerade das Konzert KV 450 ist eines der kompliziertesten, ich habe es jedenfalls nur selten gut gehört – technisch gut, ja, aber was Bernstein daraus macht, ist ein Spaziergang tief durch die Seele, durch Mozarts, durch seine, durch meine.

Nikolaus Harnoncourt hat über Bernsteins Mozartspiel gesagt: »Ich bin der Meinung, dass die Klavierkonzerte Mozarts wie ein ganz spontaner Dialog komponiert sind, und zwar oft ein Dialog mit sich selbst, des Klaviers, und dadurch dass der Bernstein so eine wirkliche, eine tiefe Einsicht in die Komposition hat, klingt das bei ihm so spontan, als ob er es während des Spielens erfinden würde. So habe ich das vorher nie gehört, so habe ich es mir immer vorgestellt.«

Das Geheimnis, schreibt Peter Gradenwitz in seiner Bernstein-Biographie, liegt im Gespür des Komponisten Bernstein für die inneren Zusammenhänge eines musikalischen Kunstwerks. Das Geheimnis ist auch zum Teil Bernsteins Vielseitigkeit – Jazz, Klassik, Musicals, Schlager, Symphonien –, er machte keinen Unterschied. »Ich liebe die Musik fanatisch«, sagte er, »ich kann nicht einen Tag leben, ohne Musik zu hören, Musik zu spielen, Musik zu studieren oder über sie nachzudenken.« Und: »Für mich ist jede gute Musik *ernste* Musik!«

Wie wunderbar hat er zu Kindern über Musik gesprochen, wie leidenschaftlich mit ihnen und für sie komponiert! Ich habe viele Stunden vor dem Fernseher verbracht, wenn seine Konzerte für junge Leute wiederholt wurden. In den 60er Jahren spielte er mit den New Yorker Philharmonikern »Young People's Concerts« vor Kindern und Jugendlichen, unterbrach immer wieder, um zu erklären: Was ist das, Musik? Was kann sie, was will sie, was machen die Instrumente, was geschieht mit uns, wenn wir Musik hören? Aus Respekt vor Bernstein und aus Liebe zu seinem Werk haben der Opernregisseur Christian Schuller und ich zehn Jahre nach Leonard Bernsteins Tod diese Texte für eine CD aufgenommen; ich erkläre Kindern mit Bernsteins wunderbaren Worten die Musik, die nun Schuller statt Bernstein einspielt, und ich glaube, er hätte sich darüber gefreut, so wie auch über unsere nun zehnjährige gemeinsame Arbeit an der Kölner Kinderoper. Wir bringen ganz in seinem Sinne Kindern Musik nahe, weil das Wissen um das Geheimnis der Töne ein Schatz für das ganze Leben ist.

Er selbst hat dieses Geheimnis auch als Kind entdeckt: »Eines Tages wurde ich, quasi per Zufall, unwiderruflich von der Macht der Musik erfasst. Ich war damals zehn Jahre alt. Auf dem Dachboden unseres Hauses in Boston entdeckte ich ein altes Klavier, ein verstaubtes Möbelstück, dessen Verwendungszweck ich nicht kannte. Der Deckel war offen, und als ich über die Tasten strich, war ich vollkommen fasziniert davon, Musik machen zu können, und ich vertiefte mich in die Erkundung dessen, was meine Finger mit dieser Tastatur, die mir sofort ›magisch‹ vorkam, anstellen konnten.« Und in einem Gespräch sagte er: »Ich war unglücklich, bevor ich die Musik entdeckte. Ich war ein kleiner, schwacher, kränklicher Junge, blass, hatte immer eine Bronchitis oder Ähnliches, und dann passierte das mit dem Klavier. Plötzlich fand ich meine Welt. Ich wurde innerlich stark, ich wuchs, wurde sogar sehr groß. Ich trieb Sport, gewann Medaillen und Pokale, war der beste Taucher. Es geschah alles gleichzeitig. Es veränderte mein Leben. Das Geheimnis, die Erklärung ist, dass ich ein Universum fand, in dem ich sicher war: die Musik.«

Nie hat ihn die Faszination dieser Magie verlassen.

Wir kennen seinen spektakulären Karriereverlauf, seine Erfolge als Dirigent, Komponist, Lehrer, Pianist, aber wir vergessen auch nicht sein großes politisches und humanitäres Engagement. Immer hat er den Mund aufgemacht und geredet – gegen atomare Rüstung, für Schwarze, Juden, Kommunisten, die es in den USA nicht leicht hatten und haben, er trat früh für die Friedensbewegung und amnesty international ein, er spendete, förderte, stiftete – und trank und liebte und arbeitete und rauchte exzessiv und brannte und verbrannte, an allen Enden zugleich. Er ging verschwenderisch mit sich um und zahlte den Preis dafür, Lungeninfektionen, ein Emphysem schließlich, rauchend bis zuletzt, seine Fans in Amerika hielten Transparente hoch: »We love you – stop smoking!«

Am 19. August 1990 gab er sein letztes Konzert, am 14. Oktober 1990 starb er, 72 Jahre alt. Es existierte zwischen seiner Kunst und seinem Leben kein Trennungsstrich: Mit Temperament und Leidenschaft ging beides ineinander über, prägte seine Arbeit, sein Gesicht, diese Mischung aus Kraft, Vitalität und zartester Anmut. Bei allem Intellekt: Bernstein war ein Romantiker und hat das auch zugegeben. Die Musik der deutschen Romantik mit ihren so sehnsüchtig Suchenden, mit den Zerrissenen – die stand ihm nah. Sein großer, öffentlicher Durchbruch war Schumanns *Manfred*-Ouvertüre, die er im November 1943 in New York für den plötzlich erkrankten Bruno Walter dirigierte, er war gerade einmal 25 Jahre alt. Leonard Bernstein war zugleich sinnlich, poetisch und spirituell, und natürlich von großer Virtuosität. Unvergesslich seine taktgenauen hohen Sprünge am Dirigentenpult, er dirigierte mit dem ganzen Körper, man sah förmlich, wie er Musik mit jeder Pore fühlte und lebte. Er hatte das Charisma der totalen Hingabe, er war ein Phänomen, und jeder, der in seine Nähe kam oder ihn auch nur im Fernsehen erlebte, spürte etwas von der Vitalität dieses Phänomens: Was hatte dieser Mann, was war es, das einen sofort in Bann zog? Er konnte überzeugen, begeistern, anstecken, er war kraftvoll, aber auch klug, er schaffte es, dass wir Musik nicht nur hörten, sondern tief innerlich verstanden, den Sinn begriffen. In seinem Werk über »Große Dirigenten« hat Wolfgang Schreiber Bernstein so beschrieben: »Hinter einem sich verausgabenden musikalischen Mitteilungsdrang verbarg sich Bernsteins elementare innere Spannung: Intellektualität und Charme, visionäre Kraft und Selbstdarstellung, tiefe Identifikation mit der Musik und spontanes Interesse an Menschen. All dies gehörte zu seiner Ausstrahlung und verlieh seinem Tun die bezwingende Wirkung eines Künstlers, der alles im Leben verbinden konnte: Neues und Altes, Amerika und Europa, Theorie und Praxis, genauso Medienlärm und Meditation, hohe Kunst und Show.«

Nicht umsonst war ihm Gustav Mahler so nah, sagt Schreiber – er fand in seiner Musik die eigene neurotische Intensität von Intellekt, Ironie, Verzweiflung und Gefühlsüberschwang wieder. Es gibt ein Photo, das zeigt Bernstein beim Dirigieren von Mahlers 9. Symphonie. Ich werde nie müde, es anzuschauen: Da sehen wir einen Seligen, einen völlig Entrückten, einen Menschen, der versunken ist in Schönheit und Rausch, einen, der leuchtet und ganz bei sich und doch weit weg ist – in der Musik. Das Photo ist elektrisch geladen, es entzündet den, der es anschaut. Auf den Photos, auf denen er nicht dirigiert oder am Flügel sitzt, hat er entweder eine Frau im Arm oder ein Glas in der Hand oder eine Zigarette, oft alles gleichzeitig.

Ja, er war auch eine Art »Popstar«. Er lebte sein Leben rückhaltlos am Limit, er verausgabte sich, er würde es, hätte er die Wahl, gewiss wieder so tun. Und uns hat er dieses mitgegeben: »Die ganze Welt ist eine Bühne. Das Publikum sucht nach dem richtigen Stück ... Wir werden vielleicht die Vollkommenheit nicht erreichen ... aber was wir alle tun können, ist, dem Vollkommenen entgegenzustreben ... Dieses zu tun: Probiert weiter!«

Er, der Rastlose, wusste aber auch, dass letztlich alle Kraft nur in der Stille entstehen kann. 1977 schrieb er als Vorwort zu einem Bildband diesen bemerkenswerten Text:

»*Stille* ist unsere innerlichste Art
des Tuns.
In unseren Augenblicken tiefer Ruhe
entstehen alle Gedanken,
Gefühle und Kräfte, die wir schließlich
mit dem Namen des Tuns beehren.

Unser gefühlvollstes aktives Leben
wird in unseren Träumen gelebt,
unsere Zellen erneuern sich
am eifrigsten in unserm Schlaf.
Wir erreichen das Höchste in Meditation,
das Weiteste im Gebet.

In Stille ist jedes menschliche Wesen
fähig der Größe;
frei von der Erfahrung

von Feindseligkeit, ein Dichter,
und am ähnlichsten einem Engel.

Doch Stille verlangt eine tiefgründige
Disziplin, man muss sie sich erarbeiten,
und sie gilt uns umso mehr darum
als kostbarer Schatz.«

Schubert, der Ferne – Schubert, der Nahe

Ouvertüre

»Wenn das Herz denken könnte, würde es stillstehen.« Der sanfte portugiesische Dichter Fernando Pessoa hat das gesagt, und er hat nicht bedacht: Das Herz kann ja denken. Das Herz steht ja still, wenn es denkt, immer mal wieder, in Augenblicken großen Glücks oder großer Verzweiflung, es steht still, und unser Blut rauscht nicht mehr – für diesen einen angehaltenen Moment. Und dann geht alles wieder weiter und ist doch nie mehr wie zuvor.

Du hast das gewusst, Schubert, und ich weiß es auch. Hier bin ich mit meinem stillstehenden Herzen und höre deine Musik, die mir meine eigene Geschichte erzählt. Da sitzt du am Tisch, gebeugt über das Notenpapier, schreibst und schreibst und es singt in deinem Kopf, ständig, rastlos arbeitest du, du bist ja schon fast dreißig, du hast nur noch so wenig Zeit, man spürt doch so etwas, du hast wie ein Träumender komponiert, und deine Freunde berichten, dass du bei der Arbeit einem Schlafwandler ähnelst, glühend, mit leuchtenden Augen, in die Noten versunken, und dass du, wenn sie eintreten, nur kurz hochblickst, abwesend und ohne Warten auf Antwort fragst: »Grüß dich Gott, wie geht's? Gut?«, und dann schreibst du auch schon weiter, und Schober und Spaun gehen halb irritiert, halb belustigt wieder davon.

Du hattest auch nur so wenig Zeit, Schubert, nur gerade mal diese 31 Jahre.

Du warst einsam, oder? In deiner Musik ist so viel Wehmut, so viel Verlust, und man sagte von dir, du habest »nicht die mindeste Herzensangelegenheit« gehabt.

Aber das ist ein Irrtum! Du wurdest vielleicht nicht geliebt, aber du hast geliebt, und das ist immer das Größere. Du hast dich vielleicht wund gehofft, aber du hast geliebt, du hattest durchaus Herzensangelegenheiten, auch wenn sie keine Erfüllung fanden. Wie schwer ist das Verlangen, wenn niemand wartet und ruft! Wir wissen es doch, dass es in der Welt niemals an Liebe mangelt, es mangelt nur an erträglichen Erwartungen in die Liebe. Sie soll zu viel sein, sie soll alles sein, ewig soll sie sein. Das kann sie nicht.

Wir werden enttäuscht, immer.

Du hast das ja auch gewusst, in deinem Tagebuch kann ich es lesen: »Keiner, der den Schmerz des Andern, und keiner, der die Freude des Andern versteht! Man glaubt immer, zu einander zu gehen, und man geht immer neben einander. O Qual für den, der dies erkennt!« Das ist so einer der Augenblicke, in denen das Herz denkt und stillsteht. Die Erkenntnis tiefster Einsamkeit. Und doch, Schubert, nur in der Einsamkeit entstehen ja die Wörter und die Töne, wo denn auch sonst. Eben nicht bitten um Aufnahme, nicht anklopfen da, wo warmes Licht scheint, nicht bequem da bleiben, wo man sich arrangieren könnte, sondern in der kalten Nacht gehen und im Vorübergehen ans Tor schreiben: »An dich hab ich gedacht.«

Entr'acte

Der Hang zur Einsamkeit und das Bedürfnis nach Gesellschaft schließen einander nicht völlig aus. Wir gehen unter Menschen, weil wir uns selbst nur kennenlernen, wenn wir auch die anderen kennen. Und danach sind wir mit unserm frierenden Herzen voller Sehnsucht wieder allein und glauben, wir überleben sie nicht, diese Winterreisen auf den Trümmern unserer Liebe, aber man überlebt sie doch, und später erinnern wir uns an sie staunend, fast gerührt, weil wir es geschafft haben, weil wir die Kraft hatten, nicht aufzugeben. Und manchmal stellen sich vermeintlich unüberwindliche Mauern auch nur als harmlose Kreidestriche heraus, die zu überwinden gewesen wären, und manchmal zerfällt eine unerwiderte Liebe zu Staub, verdurstet, vertrocknet, und wir haben auch das überlebt.

Und trotzdem, Schubert, müssen wir weiterlieben, denn leben können wir nur, wenn wir brennen. Wir müssen *Ja* sagen, ohne zu wissen, wohin das führt, das hast du alles gewusst in deiner Stille. Du hast versucht, die Zukunft zu bereichern, indem du der Gegenwart alles gabst, aber du hast nicht gewusst, dass da gar keine Zukunft war für dich.

Ach Schubert, wir haben alle zwei Leben: eines, das wir träumen, und eines, das wir leben und an dem wir sterben. Wichtig ist, dass wir unser leuchtendes Anfangsherz nicht vergessen.

Du hast es nie vergessen. Du hast dich immer an dieses erste Glück erinnert, als die Musik in dir erwachte, und du hast nie gewusst, wohin der Weg führt, aber du warst froh, dass es überhaupt einen Weg gab, und du bist ihn gegangen, auch wenn du, wie du an deinen Bruder schreibst, immer »von ewig unbegreiflicher Sehnsucht gedrückt« bist. Diese Sehnsucht ist es ja gerade, die vorwärtstreibt. Das Sehnen sucht, immer.

Ich stehe hier auf dem Zentralfriedhof in Wien, in deiner Stadt, ich stehe an deinem Grab, und ich denke an deinen Traum vom Tod der Mutter und von den Schlägen des Vaters, und du bist weggezogen: »Lieder sang ich nun lange, lange Jahre. Wollte ich Liebe singen, ward sie mir zum Schmerz. Und wollte ich wieder Schmerz singen, ward er mir zur Liebe. So zerteilte mich die Liebe und der Schmerz.«

Mir wird hier an deinem Grab der Schmerz wieder zur Liebe, ich bringe dir Blumen und schreibe im Vorübergehen in den Schnee: »An dich hab ich gedacht.«

Geisterchor

Heute ist ein lebensgefährlicher Tag. Ich muss aufpassen. Jemand hat mir einen Strauß tiefroter, fast schwarzer Rosen geschickt, jede eine Wunde. Nur Rosen, kein Wort dazu. Ich weiß ja, wer es ist. Ich weiß ja, was diese Rosen bedeuten – das Ende einer Liebe. Ich habe den Augenblick verpasst, in dem diese Liebe anfing, und auch den, in dem sie endete. Man weiß das nie, oder? Noch Arm in Arm, entfernt man sich schon voneinander. Plötzlich war es da, plötzlich ist es vorbei, dazwischen ist die Zeit, in der wir leben. Hinterher kommt dann die Zeit, in der wir schreiben, malen, komponieren. Auf einer alten Sonnenuhr steht:

Vulnerant omnes, ultima necat – jede dieser Stunden verwundet uns, die letzte tötet.

Jemand hat über dich gesagt, deine Seele sei nie Kampfstätte dramatischer Spannungen und erschütternder Konflikte gewesen, alles Kämpferische sei dir so fern wie das schwül Glühende, nicht heldenhaft sei deine Kunst, sondern flammend rot und ein beglückendes, breit strömendes Musizieren.

Ist das so? Warum erreicht mich dann deine Musik am meisten, wenn mir das Herz schwer ist? Ich fühle mich geborgen und verstanden, und wer Beglückendes schreiben kann, muss jede Tiefe genau kennen, sonst wird er flach. Du hast die Tiefen sehr wohl gekannt. Aber immer hast du gewusst, dass Tag eben nicht ohne Nacht zu haben ist, Helle nicht ohne Dunkel, Glück nicht ohne Unglück.

»Der edle Unglückliche fühlt die Tiefe seines Unglücks und Glücks, eben so der edle Glückliche sein Glück und Unglück.«

Das ist von dir. Und auch dies, dass du den »Taumel deiner Verzweiflung ausschlafen musst«, weil du nicht glücklich bist. Weil wieder einmal eine Hoffnung nicht standgehalten hat.

Romanze / Vollmond

Und trotzdem warst du sehr oft glücklich – an den Abenden mit den Freunden, da wird musiziert und gelacht, und oft ist das Glück auch in deiner Musik zu hören, du hast es festhalten können, wenn du in einer deiner armseligen Kammern über den Notenblättern gesessen bist. Und vielleicht waren das dann sogar die glücklichsten Augenblicke – das Schaffen im Rausch der Erinnerungen, du hast es nur nicht gemerkt.

Ach, Schubert, das wissen wir doch, dass wir das Glück nie dann spüren, wenn es da ist, sondern immer nur in der Erinnerung. Das Glück ist, wenn wir es erkennen, schon fast Vergangenheit und die Welt längst wieder auf ihr normales Maß geschrumpft. Noch ein wenig kalte Asche zu unseren Füßen, und im Herzen Frost. »Die Poesie ist vorüber, die Lebensprosa beginnt aufs neue«, nennt es dein Freund Eduard von Bauernfeld.

Und noch etwas, Schubert: Dem Glück darf man nicht nachjagen. Man muss es eintreten lassen. Glück ist immer möglich, man darf nur nicht darauf warten. Und wenn es da ist, ist es Stillstand wie der Tod – wir spüren es gar nicht. Du hast das Altwerden nicht erlebt, sonst wüsstest du, dass das ganze Leben voll schöner, einsamer Glückseligkeit ist, das hört nie auf, denn es kann ja ein Sommertag sein, eine Mondnacht, ein Vogel, ein Kuss, ein Brief, deine Musik. Sogar ein Strauß Blumen zum Abschied.

War dein Leben glücklich? Nein, wenn wir es von außen betrachten – es war arm, auch an Anerkennung und Erfolgen arm, arm an Liebe, arm im materiellen Sinne, nicht mal ein Klavier hast du besessen. Dein Leben und erst recht deine Gönner und die, für die du gearbeitet hast, haben dich fast immer mit Kleingeld abgefunden. Für uns heute, rückblickend, warst du reich, reich an Musik, an Vollendung, an Schöpfertum. Reich durch deine Musik, die uns begleitet und tröstet. Wir müssen uns nur hüten, ein armes Künstlerleben als Klischee für Tiefe und Erfolg zu nehmen.

Hirtenmelodie

Was also ist Glück, Schubert? Es entzieht sich unserm Zugriff. Wir können das Glück nicht fassen, aber es umfasst uns. Es umfasste dich und gab dir dieses Talent. Das ist Glück. So müssen wir das sehen, sonst werden wir verrückt an der Machbarkeit oder Nichtmachbarkeit unseres Lebens. Manches geschieht, auch wenn wir es nicht wollen. Und manches geschieht nicht, auch wenn wir noch so sehr darum kämpfen.

Und macht uns nicht erst das Unglück durchlässig genug, um die Welt überhaupt zu sehen? Die Glücklichen sind nur mit sich selbst beschäftigt, die Unglücklichen aber mit der Welt. Denk an Heinrich von Kleist, denk an die Günderrode, stell dir vor, sie wären – es gibt darüber eine literarische Phantasie – wirklich einmal zusammen am Rhein spazieren gegangen, damals, ehe sie sich 26-jährig erdolchte und er sich 34-jährig erschoss, verzweifelte Künstler beide, hätten sie einander helfen können? Kann ein Künstler dem andern helfen, nur weil er ihn versteht? Nein: »Die Berührung, nach der es uns so unendlich verlangt, es gibt sie nicht«, sagt die Günderrode.

Das ist es, Schubert. Da bleibt immer eine Wunde: Die einzige wahre tiefe Berührung, die Berührung unserer Seele durch einen anderen, die gibt es nicht. Darum kann uns das Glück nicht bleiben. Aber die Dichtung bleibt, die Musik bleibt, und in deiner Musik hört man dein Glück und dein Unglück. Und das Schweigen hört man mit.

»Ich weiß keinen Unterschied zwischen Tränen und Musik zu machen.« Das hat Nietzsche gesagt. Musik kommt aus dem Weinen, und das Weinen kommt aus der

Sehnsucht, und die Sehnsucht ist Sehnsucht nach dem Paradies, und das Paradies ist verloren, Schubert. Deshalb kannst du komponieren. Du lebst von dem, woran die anderen sterben. Erinnere dich – Eurydike (das war die Liebe) ist am Biss einer Giftschlange gestorben. Orpheus (das war die Musik) hat sie aus der Unterwelt zurückbeschworen – für einen Augenblick. Aber halten konnte auch er sie nicht. Der alte Mythos, der Anfang aller Musik, der Beginn der Oper. Die Sehnsucht in Töne fassen – wie hast du das gekonnt!

Entr'acte

Komm, jetzt erzähle ich dir etwas, darüber kannst du weinen und lachen zugleich. Ich war in Wien nicht nur an deinem Grab, ich war auch in dem Haus Kettenbrückengasse 6, in dem du so elend gestorben bist. Unten hängt ein handgemaltes Schild, als wohntest du dort noch immer: »Schubert, 2. Stock.« Im 2. Stock öffnet mir eine alte Frau mit nur einem Arm. Sie isst ein Butterbrot, packt es hastig weg und sagt kauend: »Entschuldigen's, aber Sie sind die Erste seit zwei Wochen, hierher kommt ja nie einer, zum Schubert.«

Sie knipst das Licht in deinen winzigen Räumen an, und ich sehe deine Noten, deine Brille, deinen letzten Brief an Franz von Schober: »Lieber Franz, ich bin krank ...«

Hier bist du gestorben und hast als Letztes gesagt: »Ich liege so schwer da, ich meine, ich falle durchs Bett ...«

Um mich herum die einarmige Frau, sie seufzt und stöhnt, ich frage sie nach dem fehlenden Arm. »Ach das«, sagt sie, »das war ein Unfall.« Und es sei ja auch nur der linke, nicht so schlimm. Viel schwerer sei das Los, hier tagaus, tagein beim Schubert sitzen zu müssen, den sie nicht hören mag, denn ihr Gott, sagt sie, sei Beethoven, nicht Schubert.

Kannst du darüber lachen? Deine Wiener haben dich nie besonders geliebt, und noch heute setzen sie eine Frau, die mit deiner Musik nichts anfangen kann, in dein Sterbezimmer…

Sie wird nicht einmal wissen, was Beethoven dir war. Dass du auf seiner Beerdigung mitgegangen bist. Dass du einer seiner sechs Sargträger warst. Dass du danach im Gasthaus das Glas auf den gehoben hast, der von euch Freunden ihm als Nächster folgen wird. Dass du es warst, nicht einmal zwei Jahre später, 1828.

Ich denke an eine Strophe des russischen Dichters Wladimir Majakowski:

Ich will: die Heimat soll mich verstehn.
Doch wenn sie nicht will: je nun.
Dann heißt's: an der Heimat vorübergehn
wie die schrägen Regen es tun.

Hirtenchor

Deine Winterreise begann früh, Schubert. Deine Zerrissenheit, deine erschütternde Traurigkeit.

»Sterben heißt, dies alles ungelöst verlassen, / die Bilder ungesichert, die Träume / im Riss der Welten stehn und hungern lassen«, heißt es bei Gottfried Benn.

Jean Paul hat das Bild vom Pfeil geprägt, der im Augenblick der Geburt auf jeden Menschen abgeschossen wird. Er fliegt und fliegt, und in der Todesstunde erreicht er uns. Dein Pfeil hat dich zu früh erreicht, und doch war sein Flug eben gerade dann vollendet. Auch hier gibt es auf die Frage *Warum?* keine Antwort.

Dann sitzen wir wieder an den Schreibtischen und schaffen aus den abblätternden Schichten der Erinnerung, über die sich der Gips des Alltags schneller legt, als uns lieb ist, Geschichten und Klänge. Wir halten uns daran fest wie an einem rettenden Geländer, obwohl wir doch von der Grundvergeblichkeit all dessen, was wir tun, wissen.

»Leben ist Brückenschlagen über Ströme, die vergehn.« (Gottfried Benn)

Und draußen, Schubert, fallen die schrägen Regen.

Mein Aschenputtel
Ein Märchen für Prokofjew

Wir wachsen mit den Märchen auf mit Aschenputtel, Rotkäppchen und Schneewittchen, mit Zwerg Nase, dem kleinen Muck und der Prinzessin und dem Schweinehirten, und es sind oft grausige und sehr seltsame Geschichten, die man uns da erzählt, wenn wir noch klein und ängstlich sind, wenn unsere Herzen noch weich und unsere Köpfe noch leer sind. Wir fürchten uns auch manchmal, wenn wir hören, wie böse Stiefmütter in glühenden Schuhen tanzen müssen, wie schöne Königstöchter hundert Jahre schlafen müssen, wie der Wolf lebende Menschen verschlingt. Aber wir sind ja gerade erst dabei, die Welt kennenzulernen. Wir halten alles noch für möglich, das Gute und das Böse, wir nehmen es, wie es kommt. Was wir nicht verstehen, packen wir einfach weg in irgendeine hinterste Schublade. Und wenn wir dann erwachsen sind (ach, das geht schneller, als man denkt!) – da öffnet sich plötzlich diese Schublade wieder, und wir verstehen die Geschichten, verstehen sie auf einmal ganz anders.

Als mich die wunderbaren jungen Musiker der *basel sinfonietta* baten, zu ihrem Konzert mit Prokofjews *Cinderella* das alte Märchen vom Aschenputtel neu zu erzählen, war ich glücklich über das Angebot und habe sofort Ja gesagt. Denn ich habe oft darüber nachgedacht, ob wir wirklich einen Prinzen brauchen, der uns erlöst, oder ob das Märchen vielleicht doch eher sagen will: Wenn wir ein bisschen mithelfen, nicht am Herd sitzen bleiben, sondern suchend dahin gehen, wo sich das Leben abspielt – dann lernt auch der Prinz sehen, findet uns und versteht uns, ohne dass wir glitzern – da, in unserer Küche. Liebe ist eine Sache von suchen und finden, auch von suchen *wollen* und finden *können*. Es macht Spaß, an diesem Märchen herumzudenken, es macht Freude, diese Musik zu hören und sich vorzustellen: Was passiert jetzt gerade? Und es ist noch schöner, mit den Musikern zusammen daran zu arbeiten, dass es ein Abend wird, an dem Sie, die Zuhörer, wieder einmal ein Märchen erzählt bekommen- ein bisschen anders als damals und mit einer großartigen Musik dazu.

Prokofjews *Cinderella* ist ein Ballett, das heißt, der Komponist hat seine Partitur musikalisch-tänzerisch gegliedert. Sie hören Tänze, aber es wird nicht getanzt, sondern ein wenig erzählt. Und dass anders erzählt wird, als Sie es von früher her kennen – das darf Sie nicht stören, denn das Märchen vom Aschenputtel gibt es ohnehin in so viel verschiedenen Formen, dass es sich immer wieder anders anhört – bei den Brüdern Grimm oder bei Charles Perrault, einmal mit den hilfreichen Tauben, einmal mit dem Wunderbaum auf dem Grab der Mutter oder mit der guten Fee. Jede Aschenputtel-Geschichte ist anders, und auch Prokofjew hat sich seine eigene Version erfunden.

An der haben wir uns entlanggehangelt. Was bleibt, ist eine Geschichte über das Erwachsenwerden, über das Suchen und Finden der Liebe, über die Jugend, die nicht, wie man uns immer einreden will, die schönste Zeit im Leben ist: Sie ist die schwierigste. Wenn man alt wird, weiß man das. Aschenputtel, Cinderella, ist am Ende unserer Geschichte bei sich selbst angekommen. Nun braucht sie keine Wunder mehr, nun kann sie ihr Leben selbst gestalten. Allerdings mit dem Tanzen in gläsernen Schuhen ist es auch vorbei.

Die Schuhe werden jetzt schwerer. Aber tanzen kann man damit immer noch, wenn das Herz nur leicht genug ist …

Aus einem Märchenbuch vorlesend

»Einem reichen Manne wurde seine Frau krank, und als sie fühlte, dass ihr Ende herankam, rief sie ihr einziges Töchterchen zu sich ans Bett und sprach: ›Liebes Kind, bleibe fromm und gut, so wird dir der liebe Gott immer beistehen, und ich will vom Himmel auf dich herabblicken und will um dich sein.‹ Darauf tat sie die Augen zu und verschied. Das Mädchen ging jeden Tag hinaus zu dem Grabe der Mutter und weinte und blieb fromm und gut. Als der Winter kam, deckte der Schnee ein weißes Tüchlein auf das Grab, und als die Sonne im Frühjahr es wieder herabgezogen hatte, nahm sich der Mann eine andere Frau.«

Das fängt nicht gut an. Und wir wissen, dass es auch nicht gut weitergeht. Wir kennen die Geschichte vom Aschenputtel, von Aschenbrödel, Cenerentola, Cendrillon oder Cinderella. Wir wissen auch, dass ganz am Ende durchaus alles gut wird, aber bis dahin ist es noch ein weiter Weg.

Jetzt sitzt es erst einmal da, das Aschenputtel, in der Küche, in der Asche, und es weint. Es weint um die verlorene Mutter, es weint, weil die neue Stiefmutter nicht nett ist, es weint, weil die beiden Töchter, die sie mit in die Ehe bringt, hochnäsig und unfreundlich sind und das Aschenputtel als eine Art Dienstmädchen quälen und herabsetzen.

Und wir fragen uns: Wo ist denn bei all dem der Vater? Er hat schnell wieder geheiratet, gerade mal ein Jahr ist vergangen, und er hat ganz offensichtlich mit seiner zweiten Frau keinen guten Griff getan. War's die Einsamkeit, war's Melancholie, was ihn zu dieser schnellen Ehe trieb? Hat die Frau ihn überredet, um ihren anscheinend vaterlosen Töchtern wieder eine Familie zu geben? Eine Familie, in der dann offensichtlich für ein Kind aus erster Ehe kein Platz mehr ist, und der eigene Vater sieht den Demütigungen zu, duldet und schweigt?

Oh weh. Wir sind mitten drin in den verzwicktesten Familienverhältnissen.

Ganz offensichtlich ist dieses Aschenputtel ein liebes Mädchen, denn die Mutter hatte vor ihrem Tod gesagt: »Bleib lieb und gut.« *Bleib*, nicht *werde* – sie war es, sie ist es also schon: lieb und gut.

Hat sie eigentlich keinen Namen? Heißt sie nicht Rosa, Klara oder Bella? Nein, sie heißt Aschenputtel oder, vielleicht etwas wohlklingender: Cinderella.

Und warum sitzt sie in der Asche? Die Schwestern haben sie dahin geschickt, sie soll Erbsen aus der Asche zählen, das heißt, sie soll sich gefälligst Körnchen für Körnchen ihren Lebensunterhalt im Dreck zusammensuchen. Sie ist ausgestoßen aus dem Familienleben, und das Motiv ist alt, das kennen wir. Und es beruhigt uns ein wenig, denn meist sind es doch die Ausgestoßenen, die am Ende erlöst werden. Und dass das ganze Leben sowieso eine einzige mühevolle Erbsenzählerei ist, das wissen wir auch.

Wir sind also eigentlich voller Verständnis und auf Cinderellas Seite. Aber irgendwann stellt sich doch die Frage: Warum fügt sie sich so still, so demütig?

Zunächst trauert sie ja noch um die tote Mutter. Da hat man keine Kraft, sich aufzulehnen. Und die Mutter hat sie ausdrücklich zum Bravsein ermahnt, und sie hält sich daran, denn Bravsein, das war seit Jahrhunderten die angemessene Rolle der Frau.

Vielleicht aber ist sie auch sehr klug. Vielleicht weiß sie, dass die, die unten sitzen und nicht oben in der Beletage wohnen, dass die, die dienen müssen und nicht zum Tanzen gehen dürfen, dass genau die das Leben besser kennenlernen als die verwöhnten Damen in den Seidenbetten, und vielleicht ahnt sie schon das Gesetz der Hegelschen Dialektik, nach dem der Knecht, der sich durchschlagen muss, irgendwann seinen verwöhnten Herrn an Klugheit, Lebenserfahrung und Tricks übertreffen wird.

Vielleicht.

Aber so weit sind wir noch nicht. Sie sitzt da, und die Schwestern und die Stiefmutter rüsten sich zu einem Ball bei Hofe. Da tanzen die Schneider, die Friseure, die Floristen im Haus an, es ist ein Kommen und Gehen, und auch eine alte Bettlerin klopft an – aber die wird sofort verjagt von den Herrschaften. Aschenputtel tut die arme Frau leid – aber was kann sie ihr schon geben? Nur ein paar alte, warme Pantoffeln, und das tut sie. Und der Vater schweigt zu allem und macht sich mit seiner Zweitfamilie auf den Weg zum Ball.

Jetzt haben wir die Familie ein wenig kennengelernt,

jetzt wissen wir, in welcher Situation sich alle befinden. Jetzt können wir die Augen schließen und zuhören, wie uns die Musik die Geschichte erzählt – zunächst bis zum Aufbruch zum Schloss.

Vom Ball träumend

Nun sind sie weg. Mit der Kutsche zum Ball.

Habe ich schon erzählt, warum dieser Ball eigentlich stattfindet? Weil der Sohn des Königs eine Frau sucht. Und ehrlich gesagt, wir fragen uns jetzt schon: Hat ein Königssohn da keine anderen Möglichkeiten? Muss er wahllos Mädchen einladen und ausgerechnet auf einem Ball testen, ob die Richtige dabei ist? Warum tut er das, ist er vielleicht hässlich? Ist er ein bisschen dumm? Ist er schüchtern?

Wir wissen doch aus der Geschichte und aus den Märchen, dass sich die Könige immer nehmen, was sie wollen. Dieser hier ist anscheinend anders. Er sucht. Er will vielleicht nicht nach der Staatsräson, sondern wirklich aus Liebe heiraten. Vielleicht.

Oder ... – denken wir einmal ganz schnell einen sehr kühnen Gedanken – oder kann es sein, dass ein armes Mädchen, das so verloren in einer schmutzigen Küche sitzt, am Ende jeden für einen Prinzen hält, der es da heraushholt?

So weit ist es noch nicht. Erst kommt der Ball. Erst kommt die Suche. Und in die engere Wahl geraten nun auch die beiden herzlosen Stiefschwestern, denn sie sind bereits unterwegs zum Schloss, während unsere Cinderella, unser demütiges Aschenputtel, zu Hause sitzt und in die Glut starrt.

Ich wäre nicht so fügsam gewesen. Ich hätte protestiert. Um ein Aschenputtel zu werden, genügt es ja nicht, von außen drangsaliert und in diese Rolle geschubst zu werden. Man muss die Rolle auch hinnehmen, sich still in den Winkel hocken, es allen recht machen wollen. Und ich sehe das Aschenputtel dasitzen und möchte ihm zurufen: Raff dich endlich auf! Los! Steh auf! Mach etwas aus deinem Leben und leide nicht so still vor dich hin!

Und soll ich Ihnen etwas sagen? Es ist, als hätte sie mich gehört! Sie rafft sich auf. Sie fährt tatsächlich auch zum Ball – aber das geht nicht ganz ohne gute Fee, und die gute Fee ist, wir ahnen es schon, jene alte Bettlerin, der sie die Pantoffeln geschenkt hat. Jetzt gibt sie sich zu erkennen: Die tote Mutter schickt sie. Wir fragen uns, warum sie sich bei dem ganzen Elend nicht schon ein wenig früher eingemischt hat? Aber das Schicksal, wir wissen es, hat seine eigenen Regeln.

Die gute Fee bringt noch vier andere Feen mit; die Frühling-, Sommer-, Herbst- und Winterfee, alle tanzen sie auf einmal in der Küche herum, und natürlich können sie alle zaubern. Aus Pantoffeln werden gläserne Schuhe, aus dem grauen Küchenkleid wird ein silbernes Ballkleid, und plötzlich ist unser Aschenputtel strahlend schön, und die gute Fee sagt: »So, nun geh du nur und tanze, aber sei um Mitternacht wieder zu Hause.«

Was bedeutet das? In einer anderen Fassung des Märchens – es gibt viele verschiedene Fassungen – schüttelt Aschenputtel das Bäumchen auf dem Grab der Mutter, und ein schönes Kleid fällt herunter. Wie auch immer, die gute Mutter hat die Hand mit im Spiel, und unser Aschenputtel ist plötzlich schön und elegant und kann für ein paar

Stunden in ein anderes Leben hinein. Ist das ein Traum? Ist es Wirklichkeit?

Es ist von beidem ein bisschen. Cinderella träumt in ihrer Küche vom Glück, und dann rafft sie sich auf, um sich ein Stück von diesem Glück zu holen. Sie verlässt ihr Elternhaus auf der Suche nach Glück, vielleicht nach Liebe.

Wird sie denn den Mut haben, das Glück auch festzuhalten, wenn es ihr begegnet? Das wissen wir nicht. Wir wissen nur: Sie versucht es. Sie bricht auf zum Ball, mit schönen Kleidern, verwandelt in ein schönes Mädchen. Zum inneren Reichtum ist nun der äußere gekommen. Jetzt, erst jetzt wird man sie auch bemerken.

Ein höfischer Tanz

Sie hat es gewagt. Sie fährt auf den Ball. Aber sie wagt es sozusagen inkognito, denn niemand wird sie erkennen, denn noch niemand hat sie je so schön gesehen.

Und sie sind ja auch alle so sehr beschäftigt ...

Die Höflinge tanzen, die feinen jungen Herren tanzen, die beiden Stiefschwestern tanzen und versuchen, so hinreißend wie möglich zu sein, die Freunde des Prinzen tanzen, und dann, dann kommt der Prinz und tanzt. Während er tanzt, betritt Cinderella das Schloss.

Man sagt, Liebende spüren die gegenseitige Nähe. Gilt das auch für die, die noch nicht wissen, dass sie sich einmal lieben werden? Gibt es ein Herzklopfen, das alles ankündigt, gibt es Zeichen, ein Signal, dass etwas in der Luft liegt? Spürt der Prinz, dass sie kommt? Ahnt sie, wem sie begegnen wird?

Die Liebe ist in der Welt immer da. Die Liebe gibt es nicht, man kann sie nicht greifen, nicht sehen, nicht anfassen. Aber sie ist da – sie liegt sozusagen in der Luft, sie will entdeckt werden.

Und wir haben ein kleines bisschen Angst: Wird unser Aschenputtel sich bei Hofe benehmen können? Ein schönes Kleid und gläserne Schuhe allein, das reicht nicht. Weiß sie, wie man tanzt? Weiß sie, welches Glas zu welchem Wein gehört, wie man das Besteck hält, wie man sich bei Tisch benimmt?

»Einem reichen Manne starb die Frau ...« so begann unser Märchen. Aus ganz einfachen Verhältnissen kommt sie ja offenbar nicht. Aber sie war damals noch ein kleines Mädchen und hat nicht viel mitgekriegt. Rettet die natürliche Anmut alles? Was werden die Leute denken? Ach, die Leute ... die sind ja so sehr mit sich selbst und mit dem Ball beschäftigt.

Auf dem Ball

Das war er. Das war der Prinz. Wie schön er getanzt hat, wie temperamentvoll! Nein, das ist kein schüchternes, dummes Millionärssöhnchen, das nicht weiß, woher man eine Frau kriegt. Das ist ein Mann, der sich in der Welt umschaut, ehe er sich bindet. Wir haben Vertrauen in einen, der so kraftvoll tanzt. Wir hoffen, dass er unsere Cinderella als die richtige Braut erkennt, jetzt gleich, wenn sie eintrifft.

Und sie trifft ein. Allein. In ihren gläsernen Schuhen. Und sie tanzt, wie sonst niemand in diesem Saal getanzt hat. Wir stellen uns gläserne Schuhe sehr unbequem vor; wir würden uns, wie das Sprichwort sagt, »diesen Schuh nicht anziehen«, denn wir wüssten dann, wo uns »der Schuh drückt«.

Aschenputtel aber tanzt in ihren gläsernen Schuhen sehnsüchtiger, sinnlicher, leidenschaftlicher und schöner als alle anderen, denn sie hat nichts zu verlieren. Sie hat nur zu gewinnen. Sie hat hundert Stunden Einsamkeit hinter sich, in ihrem Herzen ist die ganze Qual des ausgestoßenen, unbeachteten Mädchens. Sie schließt die Augen und lässt sich fallen in diese Musik, und die Musik trägt sie, lässt sie schweben, und der Prinz schaut ihr zu und kann kaum glauben, was er da sieht.

Alle schauen ihr zu.

Die Stiefmutter denkt: Wer ist denn *das*? Ist sie aus guter Familie? Ich kenne doch alle guten Familien? Die da kenne ich nicht.

Die zwei Stiefschwestern denken: Die wird uns noch die ganze Hochzeit verderben, und sie schauen sich gegenseitig böse an, denn seit diesem Ball sind auch sie einander Konkurrentinnen. Der Prinz kann schließlich nur *eine* heiraten.

Und den Vater, den schwachen, stillen Vater, erinnert das schöne junge Mädchen, das da so selbstvergessen tanzt, irgendwie an die Sanftmut und die Eleganz seiner verstorbenen Frau, und er muss ein bisschen weinen, und er erkennt sein eigenes Kind nicht wieder.

So viel machen gläserne Schuhe, Perlen und ein silbernes Kleid aus?

Ja. So viel.

Solo des Prinzen, Bewirtung der Gäste

Der Prinz hat gerade seinen kühnsten Tanz hingelegt – nur für dieses fremde Mädchen. Er ist schon an sie verloren. Er ist schon verliebt.

Denn zuvor hat sie getanzt, die geheimnisvolle Unbekannte, leidenschaftlich, lockend, sie tanzt unbeschreiblich leicht und schön. Woher kann sie das?

Das kann sie eben. Wenn die Sehnsucht so groß ist, dann können wir *alles*.

Er will wissen, wer sie ist. Sie lacht, sie schauen sich an, sie unterhalten sich, sie mögen sich, sie stoßen miteinander an, sie trinken, sie vergessen die Welt um sich, und dann … dann schlägt es Mitternacht. Wir können es selber hören, in der Musik. Um Mitternacht aber muss Cinderella zu Hause sein, sie hat es der Fee versprochen, sie muss das gerade gefundene Glück loslassen, und sie muss so schnell wie möglich weg, weg von hier.

Das ist schwer, das tut weh, aber sie schafft es. Sie flieht aus dem Schloss.

Sie flieht? Flieht sie vielleicht, weil sie Angst hat vor dem Glück, das so nah ist, zum Greifen nah? Was wäre passiert, wenn sie einfach geblieben wäre? Die Illusion wäre vielleicht zerstört worden … aber nein, ehe wir uns unsere Illusionen nehmen lassen, nehmen wir lieber Reißaus vor dem Glück, fliehen zurück ins Altbekannte, in die Asche, in unsere vertraute Küche.

Ach, Aschenputtel. Da sitzt du nun wieder. Und zählst Erbsen. Aber du hast etwas verloren im Schloss, ja, dein Herz, natürlich, das ist es!

Doch Aschenputtel hat noch etwas anderes verloren:

einen ihrer gläsernen Schuhe. Sie hat etwas sehr Zerbrechliches zurückgelassen, und der Prinz, dem zum Heulen zumute ist, der findet diesen zerbrechlichen Schuh. Er weiß: Der wird ihm den Weg zu der schönen Fremden weisen.

Was für ein liebeswirrer junger Mann, er weiß ja nicht einmal ihren Namen! Er hat alles vergessen, er weiß nichts, was er hätte erfragen müssen. Da steht er nun, allein, um Mitternacht, mit einem gläsernen Schuh in der Hand. Was für ein Esel er war! Warum hat er sie nicht nach Hause begleitet?

Nie im Leben hätte sich Cinderella von ihm nach Hause begleiten lassen. Dieses Zuhause, in dem sie da lebt, diese elende Küche, die will sie ihm nicht zeigen.

Sie flieht, er bleibt allein zurück, und keiner findet mehr sein Glück.

Aber wir können warten – wir haben ja die Musik.

Der Prinz und die Schuhmacher

Jetzt ist der Spuk vorbei.

Unsere Cinderella hockt wieder in der Küche. Einerseits ist sie unglücklich, denn sie kennt nun eine andere Art Leben und ist nicht mehr so leicht zufrieden und demütig wie zuvor. Sie sehnt sich weg aus ihrer Küchenasche. Andererseits hat sie lange genug unterschieden gelernt, was wichtig ist und was nicht, »die guten ins Töpfchen, die schlechten ins Kröpfchen«. Sie weiß, wann etwas noch glüht und wann es schon Asche ist.

Etwas glüht in ihr.

Der Prinz aber steht da auf der Palasttreppe, einen linken gläsernen Schuh in der linken Hand. Und auch er ist unglücklich, denn vorher war er glücklich, und jetzt weiß er, wie schön es wäre, nicht mehr allein zu sein, weiß, wie nah er die richtige Frau schon bei sich hatte und wie leichtsinnig er sie wieder hat entkommen lassen.

Die Stiefmutter liegt im Bett und denkt: Die Füße tun mir weh von dieser Tanzerei. Das ist nichts mehr für mich, solche Bälle, der Tanz. Aber ich muss doch meine beiden Töchter gut verheiraten! Hoffentlich kommt mir diese Fremde nicht dazwischen und verdirbt alles.

Die Schwestern liegen in ihren Betten und denken: Wer war dieses Mädchen, das dauernd mit ihm getanzt hat? Was hat die, was wir nicht haben? Was soll nun aus uns werden?

Und auch der Vater liegt wach und denkt an seine erste Frau, hat Sehnsucht nach ihr und beschließt, sich ab morgen etwas besser um sein Aschenputtel, sein erstes Kind, zu kümmern.

Und endlich schlafen alle ein, und dann beginnt ein neuer Tag.

Er beginnt mit Hektik.

Alle Schuhmacher des Landes müssen im Schloss antanzen. Wer hat diesen Schuh hergestellt? Niemand.

Alle Höflinge und Diener werden befragt: Wer kennt diese junge Frau, wer hat sie ins Schloss gelassen? Niemand.

Der Prinz ist zornig. Was für ein Durcheinander! Er muss sich also selbst auf die Suche machen, und das ist auch immer das Beste, wenn man verliebt ist. Man sollte seinem Herzen folgen.

Aber wohin?

Er versucht es in der ganzen Welt. In flottem Galopp geht es nach Spanien, wo die Kastagnetten klappern. Es geht in den Orient. Er denkt nicht an das Naheliegende. Er denkt, diese schöne fremde Frau muss aus einem ganz, ganz fernen Land gekommen sein, und er reist und sucht. Und er wird älter, gelassener und klüger, und weil in den Märchen tausend Jahre wie ein Tag sind, erwacht Cinderella währenddessen am Morgen nach dem Ball und denkt schon, sie hätte vielleicht doch alles nur geträumt. Vielleicht.

Doch nein, da ist noch der andere gläserne Schuh. Sie versteckt ihn hinter dem Ofen und bleibt, wo sie immer war: in der Asche. Und sie muckst sich nicht, als alle vom Ball erzählen.

Und unser Prinz, ach, seien wir ehrlich, ein bisschen dumm ist er schon. Er sucht nur an den Königshöfen und in den Herrschaftshäusern. Er kommt gar nicht auf die Idee, dass die Frau, die er liebt, ein ganz einfaches Mädchen ohne Glanz und Pracht sein könnte. Eine, die mit Ängsten und Selbstzweifeln in der Küche hockt und hofft, dass das Glück doch irgendwann noch anklopft.

Und es klopft an. Als der Prinz die ganze Welt bereist hat, sucht er wieder vor seiner Haustür. Er sucht in jedem Haus. Er kommt auch in dieses, und da sind sie schon, die beiden Schwestern, ja, natürlich passt ihnen der Schuh! Notfalls hacken sie sich Fersen und Zehen dafür ab, ruckediguh, Blut ist im Schuh … Wenn sie erst Königinnen sind, wozu brauchen sie dann noch Füße, Diener werden ihnen alles bringen, was sie brauchen.

Aber gläserne Schuhe verraten blutige Eingriffe. Und unser Prinz lässt sich nicht täuschen.

Gibt es noch eine Tochter im Haus, fragt er?

Und als die Stiefmutter und ihre Töchter sagen: Nein, noch eine gibt es nicht, da ist es der Vater, der vortritt und sagt: Oh doch. In der Küche ist noch meine Tochter aus erster Ehe. Cinderella. Aschenputtel. Ich werde Sie zu ihr bringen, mein Prinz.

Vielleicht hat bis jetzt über dem Herzen des Vaters so ein weißes, kaltes Trauertüchlein aus Schnee gelegen wie im ersten Winter über dem Grab seiner Frau, und vielleicht ist das nun endlich geschmolzen. Manchmal dauert es sehr lange, bis Väter ihre Töchter oder überhaupt auch nur ihr eigenes Herz verstehen.

Und der Vater geht mit dem Prinzen die Treppe hinunter in die schmutzige Küche, in der ein blasses Mädchen an der Asche sitzt und Erbsen zählt. Es war höchste Zeit, dass dieser Vater einmal etwas Vernünftiges tat. Jetzt können auch wir uns ein wenig mit ihm aussöhnen.

Dritter Galopp

Der Prinz betritt die Küche. Und jetzt, in dieser Küche, geschieht das eigentliche Wunder.

Er sieht das Aschenputtel, und er sieht es zum ersten Mal so, wie es wirklich ist: furchtsam, schmutzig, klein, nicht in einem eleganten Kleid. Nicht tanzend. Cinderella steht vor ihm und wird über und über rot. Und er schaut sie erst einmal gar nicht an, denn das kann ja nicht sein, dass die, die er sucht, so mausgrau und klein in einer dunklen Küche sitzt ...

Aber er hat gelernt, auch das Unmögliche zu versuchen, und so zieht er den gläsernen Schuh aus der Jackentasche und bittet: »Wenn Sie den einmal anprobieren möchten, mein Fräulein?« und streift ihn ihr über den Fuß –

Er passt!

Sie holt den zweiten Schuh hinter dem Ofen hervor. –

Er passt!

Sie macht ein paar zaghafte kleine Tanzschritte. Walzerschritte.

Ungläubig schaut der Prinz auf diese Füße in gläsernen Schuhen, er erkennt sie wieder, er erkennt seine Liebe an den Füßen, so wie wir sonst den Teufel an seinem Pferdefuß erkennen.

Und dann endlich, endlich, dann hebt er ihr Gesicht zu sich hoch, sieht ihr in die Augen und weiß: Sie ist es, sie ist es wirklich.

Er liebt sie. Sofort. Er weiß, diese war es, diese ist es, diese wird es sein.

Im Hintergrund zetern die Schwestern und ihre Mutter, aber der Vater steht dabei und denkt: Ich hab es doch gewusst. Ich wusste es. Und er umarmt seine Tochter und bittet sie um Verzeihung, dass er all die Zeit so schwach gewesen ist.

Und der Prinz und Cinderella? Sie sind mit ihrer Geschichte an ein vorläufiges Ende gekomen. Sie haben sich gefunden, sich verloren, sich wiedergefunden. So ist das mit den meisten Liebesgeschichten.

Jetzt beginnt der Alltag. Jetzt muss sich zeigen, was aus der Liebe wird, wenn kein Ball ist, wenn nicht mehr getanzt wird, wenn sie die gläsernen Sonntagsschuhe aus- und die schweren Alltagsschuhe anziehen.

Und wir, wir denken ganz zum Schluss: Sie ist nicht in der Asche sitzen geblieben. Sie ist mutig gewesen und zu einem Ball aufgebrochen, zu dem sie eigentlich nicht geladen war. Und er, er hat nicht irgendeine geheiratet und den gläsernen Schuh in der Erinnerungsschublade bewahrt, er ist losgezogen und hat gesucht.

Und so haben sie sich gefunden.

Sie verlassen diese Küche, Cinderella geht fort von zu Hause, wo sie so unglücklich war – »Wohlan denn, Herz, nimm Abschied und gesunde.«

Sie haben, denke ich, wirklich eine Chance.

Viva Verdi!

Immer wieder treibt es den Fotografen Tom Krausz und mich an seltsame Orte, um irgendetwas zu suchen, was er fotografieren und ich beschreiben möchte: Wir haben Pinguinen in Neuseeland aufgelauert, die Schäden des Bürgerkriegs im Libanon besichtigt, uns in den Mozarttrummel in Salzburg gestürzt, den 50. Todestag des Dichters Dylan Thomas in Wales gefeiert oder uns von der Schriftstellerin Ljudmila Ulitzkaja das literarische Moskau zeigen lassen.

Und nun wollten wir in Norditalien, in der Emilia Romagna, den Geist des Komponisten Giuseppe Verdi aufspüren. Das, dachten wir, wird nicht einfach: Wie findet man einen Geist?

Ach – es sollte einfacher sein als alles andere!

Es fing schon gut an. Das Flugzeug nach Mailand hieß »Rigoletto«, darunter der Name des Komponisten: Giuseppe Verdi. Und an Bord war ein vergnügtes Jugendorchester mit seinen Instrumenten. Tom und ich trafen uns in Mailand, fuhren mit dem Mietwagen in die Stadt, und auf allen großen Wänden wurde plakatiert für Eros Ramazotti. Den mag man oder nicht – seine nervige Stimme hat für mich mit Eros nicht viel zu tun; aber damals, vor mehr als 150 Jahren, stand auf Mailänder Mauern: *Viva Verdi!* Und da war auch nur bedingt Verdi gemeint – es war ab 1859 der getarnte Kampfruf der Italiener gegen die Besetzung durch Österreich: *Vittorio Emanuele Re d'Italia!* Der König soll eingesetzt werden! Und da man das nicht schreiben durfte, schrieb man es in unverdächtiger Abkürzung, und Verdi, dem patriotischen Italiener durch und durch, gefiel es so.

In Mailand ist die Scala, an der so viele seiner Opern aufgeführt wurden, in Mailand ist das Konservatorium, das einst den Bauernjungen aus Roncole wegen zu schlechten Klavierspiels ablehnte, in Mailand ist das Grand Hotel, in dem er starb. Die Straße an der Oper heißt nach ihm, und auch die Via Arrigo Boito, benannt nach seinem letzten und besten Librettisten, führt direkt zur Scala. Natürlich hängen die Plakate zu seinen Opern im Treppenaufgang, natürlich gibt es seine Büste, und natürlich denke ich dauernd an ihn, obwohl ich an diesem Abend in der Scala Rachmaninow, Henze und Strawinsky höre. Er ist überall. Seine kiloschweren Partituren liegen hier unter Glas, und Schulkinder beugen sich andächtig darüber.

Das Konservatorium heißt heute nach ihm, aber den Makel, ihn abgelehnt zu haben, werden sie nie wieder los. Studenten schlurfen in Turnschuhen mit Geigenkästen unterm Arm durch die ärmlichen Gänge, zum Renovieren fehlt das Geld, alles bröselt und muffelt ein bisschen trist vor sich hin, aber aus allen Übungszimmern klingt herrliche Musik. Später, im Bistro in der Nähe, geht ein zarter, kleiner Herr mit etwas längerem grauem Haar und scharfer Adlernase vorbei, und wir halten die Luft an und sagen: »Das ist er! Da geht Verdi!«

In der »Casa di Riposo per musicisti, Fondazione Verdi«, dem Altersheim für Künstler, das er stiftete und in dessen Hof er zusammen mit seiner zweiten Frau begraben liegt (an die erste erinnert eine Gedenkplatte), sehen wir später seinen Zylinder, seinen Frack, schmal, für einen zarten Mann gemacht.

Im prächtigen Grand Hotel, das noch *grandezza* hat und in dessen pompöser Halle uns die schöne Charlotte Rampling entgegenkommt, zeigt man uns die Suite Nr. 105, in der er starb, und schenkt uns einen schönen Bildband. Überhaupt sind alle Menschen, die wir nach Verdi fragen, freundlich und geben uns strahlend und aufgeschlossen jede Auskunft, jede Hilfe: Wir bekommen Broschüren geschenkt, Wege gewiesen, dürfen verschlossene Konzertsäle besichtigen, und in den Antiquariaten bauen freundliche Händler ganze Pappkartons mit Verdi-Devotionalien vor mir auf. Ich kaufe alte Libretti, Verdis Opern in einer Serie von Liebigs-Fleischextrakt-Bildchen, alte Postkarten, Fächer mit Noten, Glaskugeln, die meine Briefe nun beschweren und auf denen steht: *Viva Verdi*.

»Wen lieben Sie mehr«, fragt mich ein paar Tage später bei den Verdi-Festspielen in der schönen Oper in Parma ein Spanier, der neben mir sitzt, »Wagner oder Verdi?« – »Verdi«, sage ich, und er strahlt und teilt seine Pfefferminzbonbons mit mir. »Ich auch«, sagt er und erzählt, dass er um die ganze Welt reist, nur um überall Verdis Opern zu hören. Wir stellen uns vor, dass im Himmel Bach und Gott nebeneinander sitzen, Verdis Musik hören und dass Bach zu Gott sagt: »Der ist dir verdammt gut gelungen«, und Gott sagt ein wenig eitel: »Ja, nicht wahr?«

Wir sehen und hören den *Troubadour*, den Verdi hier

in Parma (wo er auch kurze Zeit als Abgeordneter im Parlament saß) selbst dirigiert hat. Alle alten italienischen Opernhäuser ähneln sich: der hufeisenförmige Raum, mal drei, mal vier oder gar fünf steile hohe Ränge, viel Gold, rote Sitze, immer der riesige venezianische Lüster in der Mitte, Engel und Rosen an den Decken, entzückende kleine Lampen an den elfenbeinfarbenen Logen. Nur im La Fenice in Venedig ist der schwere Bühnenvorhang aus grünem Samt mit dem venezianischen Wappen. Sonst dominiert roter Samt.

Mein spanischer Nachbar summt die Arien leise mit und ist selig. Die Geschichte: eine ziemliche Klamotte über Zigeuner, Rache, Männerehre. Die Musik: stark, leidenschaftlich, gewaltig, so als wäre sie direkt aus dem Volk gewachsen. Das war Verdis Stärke. Hier spüre ich es ganz deutlich: Seine Musik ist tief italienisch, ist da verwurzelt, wo sie gespielt wird. Wer singt in Deutschland Wagner? Italienische Hausfrauen und Pizzabäcker trällern »La donna è mobile« oder »Va', pensiero«, den Gefangenenchor aus *Nabucco*, Italiens heimliche Hymne. Verdi hat immer versichert, dass man unter italienischem Himmel keinen *Tristan* komponieren könne, und als er in Wien *Lohengrin* gehört hatte, schrieb er in einem Brief: »Diese Musik ist in deutscher Umgebung gut. Bei uns nicht. Aber in Deutschland geht sie immer. Kaum öffnet sich der Vorhang, erlöschen die Lichter, und man befindet sich im Dunkeln wie die Wachteln. In dieser Finsternis, in dieser verbrauchten Luft sitzt man in der gleichen geistigen Lähmung, in der diese Musik dahinschreitet.«

Trotzdem hat Verdi natürlich Wagners Genie erkannt und war erschüttert bei seinem Tod. Wagner hingegen nannte die italienische Musik insgesamt abschätzig »Donizetti & Co.«, der Name Verdi soll nie über seine Lippen gekommen sein.

Das Publikum in Parma kennt jeden Ton. Es stöhnt, wenn etwas danebengeht, es jauchzt, wenn es gutgeht, und als die Sängerin der Leonora zum Applaus auf die Bühne kommt, kniet sie sich hin, um den Hagel von Buhrufen klein zu halten. Sie hatte heute einen sehr schlechten Tag und weiß das, und sie büßt, tief verbeugt, die Hand auf dem Herzen. Es ist ergreifend, und die Buhs ebben ab. Die Italiener lassen nichts durchgehen, können aber verzeihen. Marcelo Álvarez als Manrico wird gefeiert.

Wir fühlen uns wohl in Parma. Es ist eine kleine, überschaubare Stadt zwischen dem Apennin im Süden und dem Po im Norden. Der Stadtkern ist alt, prächtige Kirchen und ein Gouverneurspalast dominieren das Bild, der schmale Fluss Parma bietet an heißen Tagen eine kühle Brise, und über das schauerliche Verdi-Denkmal mitten auf grüner Wiese können wir nur lachen: Es zeigt einen entnervten *maestro*, umgeben von zwanzig oder mehr nackten und halbnackten Frauen, die verzweifelt die Hände ringen, ihm etwas ins Ohr zu rufen scheinen oder wie tot am Boden liegen – all die unglücklichen Leonoren aus seinen Opern, die immerfort »Pace! Pace!« flehen oder »Addio! Addio!« schluchzen? Kult treibt immer auch lächerliche Blüten, dies ist eine.

Von Parma aus fahren wir über Land, durch die Emilia Romagna, Verdis geliebte Heimat. Diese Region ist etwa so groß wie Hessen, die Städte Piacenza, Bologna, Modena gehören dazu. Es ist flach, es ist weit, es ist grün, wir stellen uns Verdi in der Droschke auf den Landstraßen vor, immer unterwegs, nach Parma, Bologna, Turin, nach Genua, Paris, Petersburg, nach Rom, Neapel, Mannheim, Köln. Vielleicht Notenpapier auf den Knien? Vielleicht heimatlichen Schinken im Fettpapier dabei? Bestimmt mit Wein.

Sein Geburts- und Elternhaus in Roncole hätte man sicher längst abgerissen, wäre nicht gerade hier 1813 der große Sohn Italiens geboren worden, im ersten Stock über der väterlichen Gastwirtschaft, in der, so sagt man, zur Stunde der Geburt reisende Musikanten sangen. Das bäuerlich einfache Haus war auch Poststation, die Kutscher wechselten hier die Pferde. Es lag an der Kreuzung der Straßen nach Fidenza, Cremona, Parma. Die Armen von Roncole brachten in Verdis Todesjahr 1901 eine Gedenktafel an – zum Dank, er hatte ihnen immer geholfen. Gleich gegenüber: die kleine Kirche S. Michele Arcangelo, auf der Orgel hat der junge Verdi gespielt, wurde entdeckt, wunderbarerweise gefördert von Antonio Barezzi aus Busseto, fünf Kilometer entfernt, und so hat alles angefangen.

Barfuß soll er oft die fünf Kilometer nach Busseto gelaufen sein, um bei Barezzi Klavier zu üben. Dort hörte der Domorganist Provesi den Jungen, bildete ihn weiter, und in der Kirche von Busseto zünde ich für einen jungen deutschen Komponisten, der das Zeug hat, ein Verdi zu werden und wieder eine Musik zu schreiben, die die Herzen erreicht, eine dicke Kerze an. Man muss immer an die Musik glauben!

In Busseto erlebe ich das, was Dichter im Leben eines Menschen »den perfekten Augenblick« nennen, einen Moment tiefsten Friedens und vollkommener Schönheit. Ich sitze am Nachmittag bei milde einfallender Sonne (Franz Werfel nennt es in seinem bewegenden Verdi-Roman »sonnige Dunkelheit«) in einer ganz alten Bottega, in der schon Verdi saß. Ein selbstgemaltes Schild bittet den »pellegrino Verdiano«, den Verdi-Pilger, einzutreten. Dunkle Holzmöbel, an den Wänden Schinken und Porträts von Verdi, aus dem Lautsprecher ertönt Gildas wunderbare Arie »Caro nome« aus *Rigoletto*. Ein alter Mann bringt mir eiskalten Weißwein in einer weißen Porzellanschale, so trinkt man ihn hier, einen Teller mit Parmaschinken und Parmesan, ich esse, trinke, höre diese Musik, fühle, dass Verdi neben mir sitzt, und bin so glücklich, wie ich mir schon lange nicht mehr hatte vorstellen können glücklich zu sein. Was für ein herrlicher Beruf, der solche Augenblicke beschert!

Busseto hat natürlich ein kleines Teatro Verdi, aber der Maestro hat es nie betreten. Er fand es zu protzig. Er hatte überhaupt so seine Probleme mit diesem Busseto. Seine erste Frau stammte von hier, sie war die Tochter seines Gönners Barezzi. Er hat sie sehr geliebt und hat sie und die beiden kleinen Kinder durch eine Epidemie früh und tragisch verloren. Später kam er mit der Sängerin Giuseppina Strepponi hierher und lebte jahrzehntelang unverheiratet mit ihr. Wie wurde in Busseto getuschelt und gelästert! Spießig und kleingeistig fand er sie, diese Provinzler, aber sie nehmen es ihm heute nicht mehr übel und nennen alle Salate in der Pizzeria nach seinen Opern – ich esse »Don Carlo« mit Radicchio, gegrillten Auberginen und Zwiebeln.

Die Casa Barezzi existiert als liebevoll ausgestattetes Museum; wir sehen Porträts, Noten, Briefe, Karikaturen, Kostüme, und freundlich und geduldig wird uns alles erklärt, was wir wissen möchten.

Am nächsten Tag tobt der Giro d'Italia durch Busseto, auf den Fensterscheiben Karikaturen: der weißhaarige Verdi feurig auf dem Rennrad. Er ist überall. Er ist im Hotel auf den Shampooflaschen und der Seife, im Café auf den Zuckertüten, bei Trödlern treibe ich Verdi auf Münzen, Briefmarken und Geldscheinen auf. In jeder Stadt, durch die wir fahren, gibt es eine Via Verdi, in jeder Via Verdi irgendeinen Laden, ob mit Wurst, Blumen oder Büchern, der sich nach ihm nennt, und natürlich gibt es in der Salumeria Verdi eine Dauerwurst, die wie heißt? Richtig: Salame Verdi. Giuseppe Verdi ist nicht nur mit seiner Musik total verwurzelt in der italienischen Seele. Er ist es mit allem – sie lieben den ganzen Mann, seine Heimattreue, seine bäuerliche Herkunft, seine Einfachheit. In Sant'Agata, nahe bei Busseto und Roncole, hatte er ein großes Landgut. Er hat selbst Schinken hergestellt, Landwirtschaft betrieben. Er ist ein Bauer geblieben, der lieber mit weichem Schlapphut und seinen Hunden durch die Wälder streifte, als im Zylinder auf Empfänge zu gehen. Gesellschaftliches Brimborium hat er gehasst, aber seine Opern hat er so oft wie möglich selbst inszeniert und dirigiert, darum war er so rastlos durch ganz Europa unterwegs.

Aber immer wieder – über fünfzig Jahre lang – kehrte er nach Sant'Agata zurück, um sich zu erholen. Man kann das Haus zum Teil besichtigen. Es steht ganz und gar im Grünen, ein prächtiges, aber nicht protziges altes Landgut, nicht sehr hoch, aber breit, mit vielen ineinandergehenden Zimmern. Die Außenwände sind himbeer- und ockerfarben, die Läden und Türen grün. Seine rührend kleinen Gartenstühlchen auf der Terrasse zeigen, wie zierlich er war. Das große, kühle Haus atmet noch seinen Geist, wir sehen sein kleines Bett, Bilder an den Wänden, Noten, Briefe auf den Schreibpulten, schwere Vorhänge gegen die Sonne. Hier lebte er mit der Streponi und dem Hund Loulou und mit Giuseppinas Kakteensammlung und ihren grünen Papageien, die er hasste und die vielleicht seine Melodien pfiffen. Da steht das Piano, auf dem er die romantische Trilogie komponiert hat – *Rigoletto*, *La Traviata*, *Il trovatore*. Da ist sein Schreibtisch, auf dem er seine unendlich vielen Briefe schrieb, wir wissen von mehr als 25 000. Mit den Librettisten korrespondierte er am häufigsten, überwachte jedes Wort, jede Nuance. Hier steht der Erard-Flügel, den er 1870 in Paris gekauft hat und an dem er *Otello*, *Falstaff*, *Aida* schrieb. Die Möbel aus seinem Sterbezimmer im Mailänder Grand Hotel wurden hierher gebracht. Das Bild, das ihn als über Achtzigjährigen zeigt, ist ergreifend. Was für ein Gesicht! »Du wirst im Alter immer schöner«, soll die Streponi gesagt haben, und das stimmt ja für viele kluge, bis zuletzt geistig arbeitende Menschen.

In der Remise stehen noch fünf Kutschen, mit denen er fuhr, darunter sozusagen der damalige Ferrari – ein Phaeton, fast drei Meter lang, fast drei Meter hoch, ein elegantes schwarzes Renngefährt für vier Pferde. Fünfzehn Diener wohnten oben im Haus, unten waren – mit freiem Zugang zum Garten – die Herrschaften. Garten? Tausend Hektar Land, hohe alte Bäume, Felder mit Weizen, Mais, Weinberge, auch Schafe wurden gehalten. Es ist unbeschreiblich friedvoll hier. Wir fühlen, wie glücklich er hier gewesen sein muss. Wir sind es auch.

Wir haben Lust, uns die Bäder von Tabiano anzusehen, wohin Verdi oft flüchtete, wenn ihm der Rummel zu groß wurde. Wir landen in einem zu Tode sanierten Plattenbau für den Massenandrang. Ein verlorener Abend in grottenhässlicher Umgebung. Hier ging Verdi einst mit schwarzer Samtjacke und großem Hut über die Felder, einfach und schön soll es gewesen sein. Vorbei. Die eleganten Dandys, Puccini und D'Annunzio, badeten ein paar Kilometer weiter in Salsomaggiore – da sieht es schon prächtiger aus. Aber aus der alten Therme ist ein »Beauty Center« geworden, natürlich.

In Bologna will man uns nicht ins Theater lassen, da sei gerade eine Veranstaltung. Es gelingt uns aber doch, uns hineinzuschmuggeln. Tom fotografiert das Theater, und ich lande in einem Saal voller zumeist älterer Zuhörer. Ein kleines Männchen, Mischung aus Groucho Marx und Roberto Benigni, sitzt am Flügel, spielt, krächzt Arien, springt auf, erklärt, schreit: »Ah, i Flauti!« – »Maledetto!«, kräht er, der Verfluchte, weiß er denn nicht, dass er mit einer Prinzessin redet? Und das Männlein haut in die Tasten. Und nach und nach merke ich: Ich bin hier unter Abonnenten, denen der Repetitor soeben *Nabucco* erklärt, ein paar Tage vor der Premiere. Am Ende stehen wir alle auf und singen zusammen: »Va', pensiero, sull' ali dorate…«

Von Bologna aus fahren wir durch die Toscana. Wie schön dieses Land ist! Sattes Grün, Berge, Zypressen, Wein, eine zeitlos herrliche, ewige Landschaft. Wir wollen noch ein Bad sehen: Montecatini, wo der alte Verdi Erholung suchte. Das Grand Hotel ist schauerlich umgebaut, renoviert, verhunzt, aber in der Eingangshalle hängt ein großes Porträt des Komponisten, eine Tafel mit goldenen Buchstaben, und hier nun schlafen wir zum ersten Mal unter demselben Dach wie er, in schaurig möblierten Zimmern. Nein, hier spürt man ihn nicht, aber gegen ein Trinkgeld zeigt uns ein Hoteldiener ein paar alte Räume, die der Renovierung noch nicht zum Opfer fielen. So könnte es gewesen sein, damals.

Das Teatro Verdi spielt keine Opern mehr, das wollen die Badegäste nicht. Da singt Pupo. Und im Kurpark hudelt einer die Mondscheinsonate.

Unsere letzte Station: Florenz. Zubin Mehta, der gesagt hat: »Ohne Verdi kann man nicht aufwachsen!«, dirigiert Verdis grandioses Alterswerk, den *Falstaff*. Das neue Theater ist hässlich wie ein Super XX Kino, einzige Konzession: rote Samtsitze. Königin Margarete von Dänemark sitzt in der Loge und raucht tüchtig in den Pausen, und das Publikum ist fachkundig wie überall in Italien. Man geht hier nicht für das gesellschaftliche Renommee in die Oper. Man geht aus Liebe zur Musik. Und man liebt Verdi und Mehta, der Applaus ist häufig, stark, begeistert, nach fast jeder Arie. Ergriffenes Schweigen am Schluss, wenn die strenge Fuge erklingt »Tutto nel mondo è burla«, alles ist nur Komödie, mit der der alte Verdi in seiner letzten Oper eine Verbeugung vor Bach macht. Dann brandet der Applaus durch's Haus, auch die Königin steht dafür auf.

Das alte Teatro Pergola existiert aber auch noch, wo schon Monteverdis Opern aufgeführt wurden und wo Giuseppe Verdi 1847 seinen *Macbeth* dirigiert hat. Eine Inschrift unter grünem Efeu sagt dort, dass die Welt am 27. Januar 1901 weint, weil sie den leidenschaftlichen Fürsten der Musik, der Kunst, des Gefühls verloren hat.

Aber nein. Er ist nur tot, wir haben ja seine Musik, wir haben nichts verloren, nur gewonnen.

Lascia ch'io pianga

Angeblich geht man ja nur in die Oper, weil man in gewissen Kreisen nun mal in die Oper geht. Das Abendkleid will schließlich vorgezeigt werden. Vielleicht war auch sonst nichts los am Abend, vielleicht hat man ein Abonnement, es ist ja auch immer ganz lustig, in den Pausen Sekt zu trinken und andere Abendkleider anzugucken, und schon Georg Kreisler reimte: »Bei jedem richtigen Konzert / ist Musik ein Fremdkörper, der stört.« Gerade habe ich ein paar Texte von Natalia Ginzburg für eine CD gesprochen, darunter auch einen, in dem diese sonst von mir so bewunderte Schriftstellerin zu meinem Entsetzen ihr völliges Unverständnis für die Oper bekundet: »Obgleich ich schon oft in der Oper war, frage ich mich jedes Mal, ob ich zuhören oder zuschauen soll. In der Unsicherheit tue ich keines von beiden. Ich habe, was die Musik angeht, immer den Eindruck, dass ich sie hätte lieben können und sie mir durch einen tragischen Irrtum entwischt ist. Ich habe manchmal den Eindruck, dass ich vielleicht die Musik liebe und die Musik mich nicht liebt. Sie befand sich vielleicht einen Schritt weit entfernt, und ich habe es nicht verstanden, den schmalen Raum zu überbrücken, oder sie hat es nicht gewollt.«

Das schrieb sie Anfang der 60er Jahre in einer ihrer Kolumnen für die Turiner Zeitung *La Stampa*. Ich lese diesen Text mit Unverständnis, Zorn, Heiterkeit, Melancholie, Spott, Mitleid – mit einer ganz und gar unerklärlichen Mischung aus widerstrebenden Gefühlen, denn ich, ich liebe die Oper. Ich liebe sie rettungslos, ich bin ein *aficionado*, ich bin süchtig, mich können Sie in jede Oper setzen, wirklich in jede – ich fange sofort an zu weinen, wenn das Licht ausgeht und das Orchester zu spielen beginnt. Alles Weinen, das ich mir sonst immer verkneife, kann jetzt endlich heraus. Ich weine natürlich nicht über Elsa und Lohengrin, über Senta und den Holländer, über Zerlina und Masetto, ich weine über mein eigenes Durcheinander, und zwar, weil ich mir jetzt – hier, im Dunkeln, bei Musik – endlich erlaube, meine Herzenstüren zu öffnen. Ich bin ergriffen und erschüttert, und will es sein!, noch von der absurdesten Geschichte. (Damen dürfen Herren nicht fragen, wie sie heißen, sonst verwandeln sich die Herren in Schwäne! Schlecht schießender Jäger will Erbförstertochter heiraten und schießt mit Zauberkugeln, um als Schützenkönig bessere Chancen zu haben! Mädchen wird in türkischen Harem verschleppt und geht dem Sultan so auf die Nerven, dass er sie freilässt, obwohl der Rettungsversuch ihres dusseligen Geliebten fehlschlägt!) Es kann noch so blöd kommen, da können Pappfelsen stehen, und Isolde trägt Wikingerhörner und Elsa blonde Zöpfe, ich atme zwei bis vier Stunden nicht, sauge jedes Bild, jeden Ton, jedes Wort in mich hinein und muss mich, wenn der letzte Vorhang fällt, schütteln und fragen: Wo war ich? Wo bin ich? und kehre nur schwer wieder zurück in die nüchterne Wirklichkeit ohne Arien und Gefahren, Singen noch im Tod, Feuerproben, Ungeheuer und Königinnen mit Koloraturen.

Ich fresse der Oper aus der Hand, alles. Ich liebe diesen künstlichen Raum – ein Orchester spielt, live, nur für mich. Was für ein Luxus! Echte Sängerinnen und Sänger treten auf und singen, nur für mich. Ein Märchen wird mir erzählt, meist handelt es von der Liebe und/oder vom Tod, es gibt Verwicklungen, Tragik, Untergang (jemand wird eingemauert und singt bis zum Schluss) oder Happy End (jemand wirft die Verkleidung ab und sagt: Ich war es doch die ganze Zeit, Liebste, hast du das denn nicht gespürt?). Und ich, ich sitze da unten und weine, über die Oper, über das Leben, über mein Leben – ach was: Ich weine, weil diese Kombination aus Musik, Gesang, theatralischer Handlung, Puderduft und Bühnenillusion alles aufweicht, was in und an mir *tough*, gescheit, besserwisserisch, modern, verhärtet, Abwehr, Schutz und aus Beton ist. Die Oper ist der Schmelzofen für meine Seele. Gut, wenn ganz schrecklich gesungen wird, wenn das Orchester sich vergeigt, wenn der Dirigent galoppiert, als ob er heute abend noch woanders einen Termin hätte, wenn ein Regisseur meint, *La Traviata* mit lebenden Pfauen auf der Bühne aufmotzen zu müssen oder wenn das Bühnenbild aus dem Plüschfundus der 50er ist, dann werde auch ich schon mal leicht ungehalten. Aber ich bin noch nie gegangen. Im Kino gehe ich oft, im Fernsehen sehe ich kaum etwas geduldig zu Ende, in der Oper sitze ich bis zum Schluss und hoffe doch noch auf eine herzzerreißende Arie, die ich mit nach Hause nehmen kann, eine dramatische Geste, die mich aufwühlen wird, ein tief purpurfarbenes Bild, irgendetwas, das mich verzaubert und wegträgt durch die nächste graue Woche. Es funktioniert fast immer.

Die Oper kann mich nicht enttäuschen, nie. Man kann eine Menge gegen den Anachronismus der Oper anführen. Es prallt an mir ab. Ich, die Süchtige, bin der Oper verfallen, sei sie von Verdi, Wagner, Puccini, sei sie von Mozart, Korngold, Braunfels, Berio, sei sie von Donizetti, Bizet, Tschaikowski. Es ist mir egal, aus welchem Jahrhundert sie stammt, wenn nur tüchtig gesungen und gelitten oder gelacht wird, und im Graben spielt das Orchester um sein Leben. Dann geht es auch bei mir um Leben und Tod. Ich versinke in meinen Opern, in allen, unerreichbar und dadurch gerettet: Denn dieses Versinkenkönnen ist bei dem unruhigen Leben, das ich führe, meine Rettung.

Das ist mein Geheimnis.

Da-doo-ron-ron

In den frühen 50er Jahren sang meine Mutter beim Bügeln deutsche Volkslieder von scheidenden Schätzen, weinenden Gärtnersfrauen und Wellen, die am Ende Fischer und Kahn verschluckten, und sie sang die Arien im Radio-Wunschkonzert mit: »Vater, Mutter, Schwestern, Brüder / hab ich auf der Welt nicht mehr. / Kehr ich einst zur Heimat wieder, / find ich alles öd und leer.« In unserer Küche erklang der Gefangenenchor aus *Nabucco*, schön in deutscher Übersetzung: »Teure Heimat, wann seh' ich dich wieder?« Mein Opa Albert sang im Männergesangverein: »Wo solch ein Feuer noch gedeiht / und solch ein Wein noch Flammen speit, / da lassen wir in Ewigkeit / uns nimmermehr vertreiben.« Wir sangen in der Schule auf Klassenfahrten »Wem Gott will rechte Gunst erweisen« und »Im Frühtau zu Berge wir ziehn, fallera.«

Und dann passierte etwas. Es passierte nicht nur mir.

»Ursprünglich wollte ich Farmer werden«, sagte Neil Young in einem Interview. »Mit etwa zehn Jahren begann ich sehr ernsthaft an diesem Plan zu arbeiten. Ich beschaffte mir sogar Hühner und baute einen Stall. Aber dann geschah etwas Unvorhergesehenes: Ich hörte Elvis Presley.«

Ich war ein nettes kleines Mädchen in Essen, das auf

dem Akkordeon »Alte Kameraden« und fröhliche Volkstänze spielte, und dann, es muss 1956 gewesen sein, kam Bill Haley, und aus unserm kleinen Loewe-Opta-Radio in der Küche oben auf dem Brett über dem Sofa schrie plötzlich jemand: »Shake, rattle and roll!« Von da an gab ich Widerworte, trug vier gestärkte Petticoats übereinander, Büstenhalter mit Drahtgestell und schloss mein Tagebuch ab. Ein Jahr später kam Bill Haley, wie der *Rheinische Merkur* beklagte, »ausgerechnet am Tag der Papstwahl ins Bistum Essen«, und seine Fans zertrümmerten gründlich die Halle. Und plötzlich war Musik etwas anderes als Weinseligkeit im Gesangverein, Chor in der Schule oder Schnulze beim Bügeln! Plötzlich war Musik Leidenschaft, Geheimnis, Kraft, Aufruhr! Und mit »Rock around the clock« gab Bill Haley der ganzen Richtung den Namen.

»Du machst sofort das Radio aus«, sagte meine Mutter, wenn ich Chris Howland auf NWDR hörte, der als Erster nicht nur Harry Belafonte, Bill Haley und Elvis Presley spielte, sondern – ewig sei ihm dafür gedankt! – auch die Texte übersetzte in seinem mangelhaften, charmanten Deutsch. »Last train to San Fernando / if you miss this one / you'll never get another one« übersetzte er mit: »Die letzte Zug nach San Fernando, wenn du diese eine vermisst, wirst du keine andere bekommen.«

»Ich brauche das«, sagte ich zu meiner Mutter, »wegen Englisch«, und das Radio blieb an.

In der Schule lernte ich ein Englisch, das ich nicht brauchen konnte: »This is Mr. Fox. This is Mr. Foxes box.« Das wahre Englisch lernte ich von Schallplatten, und als ich Jahre später in New York bei einem Abendessen neben Lenny Kaye saß, dem Gitarristen von Patti Smith, konnte ich ihn erstaunen mit einer Konversation, die fast nur aus Zeilen von Popsongs bestand. »The going up was worth the coming down«, philosophierte ich über mein Leben, und: ‹Take what you have gathered from coincidence«, und als das Weinglas umfiel: »It takes more than that to bring me down, yeah«, und er wollte sich ausschütten vor Lachen, klopfte mir auf die Schulter und sagte: »Baby, you can drive my car«, und ich antwortete stilecht: »Beep-beep'n'-beep-beep-yeah.«

Und schon sind wir mitten im eigentlichen Thema, sind wir da, worum es hier geht. Es geht um Texte. Natürlich geht es in allererster Linie um Musik, wenn wir von Rock, Rhythm and Blues und Pop sprechen. Es geht um Musik, die uns in Herz und Knochen fährt, *Heart and bones*, und manchmal ist es auch egal, wenn die Rainbows nur singen: »My Baby Baby balla balla«. Aber ein guter Song hat eben nicht nur einen guten Sound, sondern vor allem auch einen guten Text, und wenn Kris Kristofferson »Me and Bobby McGee« schreibt, erzählt er darin eine ganze Geschichte von Liebe und Verlust und von der Freiheit, nichts mehr zu verlieren zu haben.

Robert Allen Zimmerman las die Gedichte des walisischen Dichters Dylan Thomas und nannte sich fortan Bob Dylan. Am Anfang war nämlich das Wort, nicht unbedingt der Ton. Am Anfang war vielleicht eine Gitarre in der Hand, aber was nützen ein paar Töne, wenn sie keine Geschichte erzählen, und auch Bobby McGee und ihr Held singen auf der Fahrt nach New Orleans schließlich »every song that driver knew«, und sie wissen, wie wichtig Songs für die Liebe und das Glücklichsein sind. Die Rolling

Stones waren nicht nur ein Trupp wilder junger Männer, sondern sie schrien: »I can't get no satisfaction!«, und so was hörten Eltern und Lehrer überhaupt nicht gern.

»Hören Sie auf die Verse der neuen Songs!«, beschwor Leonard Bernstein am 25. April 1967 in der amerikanischen Fernsehsendung »Inside Pop – The Rock Revolution« die Zuschauer. »Sie haben etwas mitzuteilen. Sie sind Ausdruck des Denkens von Millionen junger Leute. Sie drücken ihre Empfindungen über viele Themen aus: Bürgerrechte, Frieden, Entfremdung, Mystizismus, Rauschgift und vor allem Liebe. Ich glaube, dies alles ist ein Teil eines Umbruchs, der nun schon 50 Jahre andauert. Aber nun kontrolliert die Jugend ein Massenmedium, die Schallplatte. Die Musik auf Platten mit all ihrem Lärm und ihren kühlen Texten macht uns unsicher, aber wir müssen sie ernst nehmen. Indem wir auf sie hören, können wir vielleicht etwas über unsere eigene Zukunft lernen.«

Und so war nicht nur die Musik verpönt – zu laut, zu wild, zu schwarz –, sondern vor allem waren es die Texte, an denen Anstoß genommen wurde, wenn man sie denn überhaupt verstand, und wir verrieten unseren Eltern bestimmt nicht, was es mit Jerry Lee Lewis' »Great balls of Fire« auf sich hatte! Unsere Väter hatten gerade noch gesungen, dass uns heute Deutschland gehöre und morgen die ganze Welt, und wir sangen: »Help me make it through the night.« Die Trennung von den Eltern war in meiner Generation ein scharfer Schnitt, ausgeführt von Elvis, den Stones, Deep Purple und Lou Reed. Danach führte einfach kein Weg mehr nach Hause, wenn Dieter Thomas Heck die Hitparade vorstellte. Das war, schrieb das Time Magazine 1967, »nicht einfach eine neue Generation, sondern eine neue Art von Generation.« Unsere Eltern bauten Deutschland wieder auf, und wir hatten uns für »the walk on the wild side« entschieden, zumindest vorübergehend. Wir wollten nicht Costa Cordalis, Goldkettchen und die weißen Zähne von Jürgen Marcus, wir wollten Keith Richards und Mitch Ryder, Eric Burdon und sein langes Versacken auf der Tobacco Road. Das Adenauer-Deutschland des Wiederaufbaus lag wie Schimmelpilz auf unsern Seelen – diese Möbel! Diese Hausordnungen! Diese Ideale von Ordnung, Sauberkeit und Frische! Und dann kam Steppenwolf und sang »Born to be wild«, und Jim Morrison wusste: »Riders on the storm, into this house we're born, into this world we're thrown.« Das verstanden wir, das war unser Lebensgefühl, aber wir kannten auch noch die peinlichen Momente, wenn die Eltern in unser Zimmer kamen und fragten: »Was singt der da?« und wir hörten gerade »Squeeze me, baby, till the juice runs down my leg« von Led Zeppelin, wie soll man denn Eltern, die zu prüde waren, uns aufzuklären, so was übersetzen? Die Songs bedeuteten etwas, auch wenn wir die Bedeutung nicht verstanden, auch wenn wir stundenlang »In-A-Gadda-Da-Vida« hörten und nicht so recht wussten, was das war – vielleicht der Garten des Lebens? Da wollten wir hin, in den gadda-da-vida von Iron Butterfly, umnebelt, angetörnt, glücklich-unglücklich, in der Zeit des Kalten Krieges und der kaputten Familien. Die Texte mussten nicht anspruchsvoll sein, sie mussten uns erreichen. Sie mussten mit unserm Leben zu tun haben, und das hatten sie – allen voran die von Bob Dylan: »It's alright, Ma, I'm only bleeding«, schon in Ordnung, Mama, alles klar, mein Herz bricht zwar gerade, aber sonst kein Grund zur Sorge.

Songs sind auch Erinnerungen. Zu »You can't always get what you want« haben wir den ersten Joint geraucht, Bruce Springsteens »Point Blank« lief im Auto als Endlosschleife, als der Liebeskummer am größten und der Sound im Auto am besten war, und mit »In the summertime« von Mungo Jerry sind wir in die Ferien gefahren. Hören wir diese Songs heute, kommen auch die Bilder zurück. Die Hymne einer ganzen Generation war »Hotel California« von den Eagles, und es stimmt: »We haven't had this spirit here since 1969.«

Die Popsongs der 60er Jahre sind das, was das Hotel California ist: Man kann zwar jederzeit auschecken und gehen, aber diese Zugehörigkeit verlassen? Nein, nie: »Relax, said the night man / We are programmed to receive. / You can check out any time you like, / but you can never leave.«

Der Höhepunkt und das vorläufige Ende dieses rauschhaften ersten Popjahrzehnts war eine Glücksorgie, bei der eine halbe Million junger Leute im Schlamm versank: Woodstock, 1969. Morgens um vier Uhr massakrierte Jimi Hendrix die amerikanische Nationalhymne. Danach war nichts mehr, wie es war, denn danach gehörte der Pop allen.

Mehr als dreißig Jahre liegen zwischen Woodstock und der Berliner Love Parade, dreißig Jahre und eine Welt. Was damals Aufruhr und unerhört war, berieselt uns heute in jedem Kaufhaus, in der Fernsehwerbung, in den Warteschleifen am Telefon. Die RWE wirbt mit Lennons »Imagine«, Bitburger Pils mit Jackson Brownes »Stay a little bit longer«, und dass Popsongs eine Aussage haben, ahnt man allenfalls bei Tom Jones' erstaunlichem »Sex Bomb«, die

Sache ist eindeutig, aber was wollen uns die kleinen kreischenden Boy- und Girliegroups eigentlich sagen? Die Helden von damals starben schnell und schäbig, obwohl sie Millionäre mit Leibwachen geworden waren: Jim Morrison in einer kleinen Pension in Paris, Janis Joplin in einem Motel bei Los Angeles, Jimi Hendrix im Notarztwagen auf dem Weg ins Kensington-Hospital in London. Und wir hatten den Blues. Natürlich ging es weiter mit der Musik, und sogar europäische Musiker lernten, den Blues zu spielen, Eric Clapton, die Animals, John Mayall, aber Mich Ryder sang: »Ain't nobody white can sing the Blues, it's killing me!«

Für uns, die wir älter wurden und zwar noch Kurt Cobain hörten, aber nicht mehr so süchtig waren wie damals nach Jim Morrison, für uns verlagerte sich der Pop in die Literatur, wir lasen nicht mehr Kerouac, Burroughs, Castaneda oder Ginsberg, wir fanden unsere Helden und ihren Sound in Büchern von Thomas Pynchon, Bret Easton Ellis, Nick Hornby, bei T. C. Boyle und Nik Cohn, bei Richard Brautigan und Joseph O'Connor. Der Sound war endgültig Literatur geworden, jetzt konnte die Musik fast nebenbei laufen, ohne dass wir noch so genau hinhören mussten. Aber so ganz stimmt das nicht, denn jetzt, mit über sechzig Jahren, kommen Leonard Cohen, Lou Reed, John Mayall und Neil Young zurück, politischer denn je, und wieder müssen wir aufpassen, was sie uns sagen: »This is no time for political speech / This is a time for action / Because the future's within reach.« Lou Reed, »There is no time«.

Sie begleiten uns noch immer, wenn wir schon fast verzagen und eher Bach und Beethovens späte Streichquartette hören wollen als Mott The Hoople, Deep Purple oder Pink Floyd.

Habe ich mich so verändert? Nein: Man kommt irgendwann bei sich selbst an, denn Veränderung findet statt, wenn man wird, was man ist, nicht, wenn man versucht, zu werden, was man nicht ist. Das haben uns die Songs der 60er, 70er gelehrt: Be yourself, man. Darum sind sechzigjährige Rocker mit langen Haaren in Glitzerjacken eher peinlich, und darum werden Lou Reed, Leonard Cohen und John Mayall immer besser und auch immer schöner, je älter sie werden. Sie sind bei sich angekommen.

Wir haben eine Tür durchschritten, ohne dem untreu zu werden, was hinter der Tür ist, und die Doors wussten davon, als sie sich nach einem Zitat von William Blake diesen Namen gaben: »There are things that are known and there are things that are unknown; in between there are doors.«

Ja, those were the days, my friend, we thought they'd never end. Aber it's all over now, Baby Blue, der Rock'n Roll ist nicht mehr, was er mal war, und aus den Autos an den Ampeln donnert Techno. Wir sitzen nicht mehr in Alice's Restaurant, tragen keine geblümten Hosen und sagen nicht Peace!, wenn Freunde reinkommen. Das Hotel California ist ganzjährig geschlossen, und im Kindergarten davor trällert Britney Spears. Und Cohen weiß: »The future, friend, is murder. Love is the only engine of survival.«

Manchmal sehen wir uns an und sagen: »Weißt du noch?«, und dann sagt einer: »Give peace a chance«, und einer sagt: »All you need is love«, und ich summe leise: »Da-doo-ron-ron.«

Textnachweis

Liebeserklärung an die Oper: Erstabdruck in der *Frankfurter Allgemeinen Zeitung* vom 7.11.2004.

Viva l'opera italiana!: Verfasst 2006.

Denn stark wie die Liebe ist der Tod: Rede zur Eröffnung der Salzburger Festspiele 2008.

Werther leidet: Für das Programmheft zu Jules Massenets *Werther* in der Bayerischen Staatsoper München, 2006.

Salzburg im Mozartjahr: *DB mobil*, 2006.

Glyndebourne. Eine Reise ins Innere: Erstabdruck in der *Frankfurter Allgemeinen Zeitung* vom 25.8.2006.

»Mir gefällt's nicht, aber schön ist es doch…« Bayreuther Festspiele 2007: Erstabdruck in der *Frankfurter Allgemeinen Zeitung* vom 14.8.2007.

Puccini für alle. Festival Torre del Lago 2008: Erstabdruck in der *Frankfurter Allgemeinen Zeitung* vom 6.9.2008.

Oper für Kinder: Vorwort zu »Das geheime Königreich«. *Oper für Kinder*, Köln 2007.

Oper ist Aufruhr. Noch eine Liebeserklärung: Für *Oper aktuell*, Bayerische Staatsoper, 2001.

Mozart: Für »Kasseler Musiktage«, 2006.

Leonard Bernstein: Aus *25 Klassiker* von Wolfgang Sandner (Hg.), München 2005.

Schubert, der Ferne – Schubert, der Nahe: Text zu Franz Schuberts *Rosamunde*, aufgeführt im Prinzregentheater München mit dem Bayerischen Staatsorchester unter Kent Nagano, Herbst 2006.

Mein Aschenputtel. Ein Märchen für Prokofjew: Für basel sinfonietta unter Emilio Pòmarico, 2001.

Viva Verdi!: Für *Brigitte Woman*, 2006.
Lascia ch'io pianga: Aus »*Welche Wonne, welche Lust*«. *Ein anderes Opernbuch* von Bruno Rauch (Hg.), Zürich 2001.
Da-doo-ron-ron: Aus *Tambourine Man. Pop Lyrics der 60er Jahre. Rock Around The Clock bis Hotel California. 1955–1977* von Lother Schirmer (Hg.), München 2003.

Inhalt

Vorwort 5

Teil I *Über Opern und Festspiele*

Liebeserklärung an die Oper 11
Viva l'opera italiana! 13
Denn stark wie die Liebe ist der Tod 17
Werther leidet 39
Salzburg im Mozartjahr 47
Glyndebourne. Eine Reise ins Innere 56
»Mir gefällt's nicht, aber schön ist es doch...«
   Bayreuther Festspiele 2007 68
Puccini für alle. Festival Torre del Lago 2008 75
Oper für Kinder 81
Oper ist Aufruhr. Noch eine Liebeserklärung 84

Teil II *Über Musik und Musiker*

Mozart 95
Leonard Bernstein 100
Schubert, der Ferne – Schubert, der Nahe 108
Mein Aschenputtel. Ein Märchen für Prokofjew 118
Viva Verdi! 135
Lascia ch'io pianga 146
Da-doo-ron-ron 150

Textnachweis 158